Alfred Peuker

975 JAHRE OCHTMISSEN

Weg und Schicksal eines alten Bauerndorfes

Mit einem Bericht von Joost Assendorp
- ARCHÄOLOGIE IN OCHTMISSEN -

Alfred Peuker

975 JAHRE OCHTMISSEN

Weg und Schicksal eines alten Bauerndorfes

Mit einem Bericht von Joost Assendorp

- ARCHÄOLOGIE IN OCHTMISSEN -

Herausgegeben vom
BÜRGERVEREIN OCHTMISSEN

Verlag INFORMATIONS SERVICE Karsta Bijick-Janzen
Blümchensaal 12 A - 2120 Lüneburg   © 1982

ISBN   3-88810-008-9

ZUM GELEIT

Der Verfasser der Dorfchronik von Ochtmissen hat mich gebeten, dieser seiner Schrift ein paar Worte voranzustellen. Ich komme dieser Bitte gern nach, da ich in diesem Teil Lüneburgs wohne und den Ochtmissern, besonders aber dem Bürgerverein herzlich verbunden bin.

Gerade bei Schriften, die ein historisches Anliegen haben, übernimmt der Autor die Bürde, mit unnachahmlichem Fleiß und unendlicher Ausdauer Material zu sammeln. Seine Stimmung schwankt zwischen dem „ich habe es geschafft" bis zum resignationsgeladenen „ich schaffe es nie".

Hat er heute eine Urkunde entdeckt und damit den Zustand höchsten Glücks erreicht, kann morgen schon das Gespräch mit einem Erleuchteten folgen, der die Aussagekraft des eben gemachten Fundes bezweifelt, ja, mit verächtlicher Miene Gegenthesen aufstellt, oder aber auf Veröffentlichungen hinweist, die dem Autor bisher verborgen geblieben und momentan sein Tun ihm als völlig unnötig empfinden läßt.

Und dann die Zweifel des Autors, er hat nicht nur einmal, sondern 100fach das Papier in die Schreibmaschine gespannt, schreibt, kritisch wieder zerreißt, behält. Zwischen allem jagen die Gedanken unentwegt um die Fragen: Kann ich damit den geneigten Leser erreichen? Habe ich richtig geforscht? War ich kritisch genug? Habe ich nichts vergessen?

Ich bewundere den Mut, besonders den des Autors, den Knoten des Alleinseins zu durchschlagen und an die Öffentlichkeit zu treten und sich zu bekennen.

Alles dieses hat unser Ochtmisser Nachbar Alfred Peuker durchlitten. Ich danke ihm für diese Schrift und für die Aufzeichnung des Weges und des Schicksals dieses alten Bauerndorfes, eben unseres liebenswerten Stadtteils von Lüneburg.

Friedrich Schumann　　　　　　　　　　　　　　Lüneburg, im August 1982
Kulturdezernent der Stadt Lüneburg

Bild 1   Urkunde Kaiser Heinrichs II. vom 2. November 1004

Einleitung

Aus Anlaß der bevorstehenden 975jahrfeier Ochtmissens hatte mich der Vorstand des Bürgervereins Ochtmissen e. V. gebeten, einiges aus der Vergangenheit des Dorfes in einer Chronik niederzuschreiben. Der Bitte schloß sich der Ortsrat unter Vorsitz Herrn Ortsbürgermeisters Edgar Schaub an.

Im Nachstehenden habe ich versucht, dieser Bitte zu entsprechen. Allen Behörden, Ämtern und Dienststellen sowie allen Persönlichkeiten, die mir dabei geholfen haben, gilt mein aufrichtiger Dank. Ganz besonders danke ich Herrn Stud.-Dir. i. R. Gerhard Meyer für Beratung und Übersetzung von Urkunden.

Mitten in den Arbeiten für diese Chronik wurden im Neubaugebiet Lerchenberg in alten Gräbern weitere Zeugen der Vergangenheit sichtbar.
Diese Gräber sind vom Institut für Denkmalspflege unter Leitung des Bezirksarchäologen Herrn Joost Assendorp freigelegt und ausgewertet worden. Dafür, daß Herr Assendorp den Abschlußbericht dieser Grabungen nachstehender Chronik voranstellt, sage ich ihm herzlichen Dank.

Ochtmissen 1982

Alfred Peuker

Archäologie in Ochtmissen

von Joost Assendorp
— Bezirksarchäologe —

In der Chronik ist die historische Entwicklung der Gemarkung Ochtmissen geschildert. Das schriftliche Quellenmaterial läßt seit dem späten Mittelalter durchaus eine Rekonstruktion der Lage in der Vergangenheit zu, und manchmal eine bessere als die Archäologie je vermag. Weiter zurück wird es für die Historiker immer schwieriger, noch einigermaßen zuverlässige Aussagen zu machen.

Die problematische Interpretation der Ortsnamen und Flurbezeichnungen gestatten ihm für das frühe Mittelalter noch eine ungewisse und lückenhafte Darstellung, aber die Kenntnisse der Vor- und Frühgeschichte werden fast noch ausschließlich von der Archäologie (im weitesten Sinne) erbracht. Sei es noch zulässig, dem Ortsnamen Ochtmissen langobardischen Ursprung beizumessen, ungeklärt bleibt die Frage, ob wir es hier mit einem Einzelhof, einem Gehöft oder einem Dorf zu tun haben. Eine Antwort kann hier nur noch der Archäologe liefern. Er vermag aus zufälligen oder systematisch gesammelten Funden auf die Ausdehnung eines Wohnplatzes zu schließen, durch Ausgrabung vielleicht das komplette Dorf in Grundrissen zu erfassen und durch Untersuchung eines Gräberfeldes die Bevölkerungsgröße und das zahlenmäßige Verhältnis zwischen Frauen und Männern zu bestimmen.

Die Realisierung der Möglichkeiten hängt aber in hohem Maße von äußeren Umständen ab. So spricht z. B. in Ochtmissen die geographische Lage dafür, anzunehmen, daß die frühgeschichtliche Besiedlung etwa an gleicher Stelle wie der heutige Dorfkern gelegen hat. Flächendeckende Siedlungsgrabung ist daher nicht möglich, und wir müssen uns hier mit wenig präzisen Aussagen zufrieden geben.

Bis zum Jahr 1980 war uns von der ur- und frühgeschichtlichen Besiedlung in der Ochtmisser Feldmark relativ wenig bekannt. Noch sichtbar ist ein Friedhof, wahrscheinlich aus der Bronzezeit (1) im Westen (Abb. 1, Nr. 1). Noch 17 Grabhügel sind dort mehr oder weniger gut erhalten. Wir wissen aber nicht, wo die dort bestatteten Toten gelebt haben; es ist durchaus möglich, daß ihre Wohnplätze im Vögelser Raum zu suchen sind. Deutlicher ist die Sache bei den zwei erhaltenen Grabhügeln im Ochtmisser Ortskern (Abb. 1, Nr. 2). In 1964 kam an der Sandgrube südlich der Buchholzer Bahn ein Gefäß zutage (Abb. 1, Nr. 3), das zum ersten Mal die Besiedlung in der langobardischen Zeit, der sogenannten Kaiserzeit für Ochtmissen belegte (2).

Das späte Mittelalter ist mit der alten Lüneburger Landwehr, Nord- und Westbegrenzung der Gemarkung, als eines der schönsten Landdenkmale in weiter Umgebung vertreten (Abb. 1, Nr. 4).

Es wäre nicht richtig, aus diesen wenigen Daten auch auf wenig Besiedlung in früheren Zeiten zu schließen. Regional gesehen läßt sich feststellen, daß die Gebiete an der Ilmenau durch die Zeiten relativ dicht bewohnt waren. Die spärlichen Kenntnisse aus Ochtmissen sind eher aus der geringen Intensität der Beobachtungen zu erklären.

Der Zufall änderte diese unbefriedigende Lage schlagartig in den Jahren 1980 bis 1981. Zunächst
wurde in dem Gebiet der Lüneburger Sammler C.-J. Reimann tätig, der seine Funde glücklicher-
weise dem Institut für Denkmalspflege, Außenstelle für den Bezirk Lüneburg, meldete. In unmittelbarer Nähe der Sandentnahmestelle fand er Feuersteinwerkzeuge, die dem Mesolithikum
zugeschrieben werden können. Der hier abgebildete kleine Kratzer diente wahrscheinlich dazu,
um Tierhäute von Fleischresten zu säubern und sie so für Kleidung oder Zeltbahnen aufzuberei-
ten (Abb. 2). Vor kurzem fand Herr Reimann aus der nachfolgenden Periode, der Jungsteinzeit
(Neolithikum) im Süden der Gemarkung das Bruchstück eines geschliffenen Steinbeiles
(Abb. 1, Nr. 5).

Einen weiteren Fortschritt bedeuteten die Untersuchungen der Außenstelle Lüneburg bei der
Erschließung des Baugebietes Lerchenberg in 1981 (Abb. 1, Nr. 6). Beim Abschieben des Mutterbodens für den Kinderspielplatz stellte Ausgrabungstechniker von Dein mehrere Vorkommen größe-
rer Findlinge fest, die er zu Recht als Anzeichen für vorgeschichtliche Grabanlagen deutete. Grund
genug, eine Ausgrabung zu beginnen, die schließlich insgesamt etwa 1 000 m^2 Fläche abdecken
sollte.

Es wurden vier Gräber entdeckt: vier rechteckige Gruben, von denen je zwei sehr ähnlich waren.
Die Nord-Süd orientierten waren ca. 3,50 x 1,50 m groß und 0,40 und 1,00 m tief. Die Böden waren mit Steinen ausgelegt, die Wände ebenso verkleidet. In der Füllung fanden wir nur verstürzte
Findlinge. Holz, Körperreste oder sonstige Funde konnten auch in Verfärbung nicht nachgewiesen werden. Die Bodenbeschaffenheit hatte alles organische Material restlos verschwinden lassen.
Aufgrund anderweitig gewonnener Erkenntnisse wissen wir, daß ein Toter auf den Grubenboden
gelegt wurde, in eine Art von Kammer, abgedeckt mit einer Holzplatte. Die restliche Grube wurde
mit Erde und Steinen verfüllt, die nach Zersetzung des Holzes in die Kammer hinunterstürzten.

Ost-West orientiert waren die beiden anderen Gräber (Abb.3 und Abb. 4). Auch hier war das organische Material restlos verschwunden, aber die Anordnung der Steine, vor allem die der
parallelen Reihen etwa schräg gestellter Findlinge auf dem Boden (in Abb. 4 fetter gedruckt)
macht deutlich, daß hier eine andere Bestattungsform vorliegt. Eine solche Anordnung der Findlinge diente zur Verkeilung eines sog. Baumsarges, ein ausgehöhlter Baumstamm, in den man den
Toten legte. Neben den Toten wurden manchmal für ihn bedeutungsvolle Gegenstände gelegt, die
natürlich nur dann erhalten geblieben sind, sofern es sich um anorganisches Material gehandelt
hat. Im westlichen Grab lagen zwischen den Keilsteinen zwei geflügelte Feuerstein-Pfeilspitzen
(Abb. 5), die sicherlich nach Verfaulen des Holzes hinuntergefallen sind. Es sind die letzten Reste
einer Bogenschützenausrüstung, die den Bestatteten als männlich deuten läßt. Im zweiten Grab
war anhand von Knochenresten zu beobachten, daß der Tote vor der Beerdigung im Baumsarg
verbrannt wurde.

Die feine Verarbeitung und die Form der Pfeilspitzen datieren das Grab in die frühe Bronzezeit
und Vergleiche mit ähnlichen Fundstellen sprechen dafür, auch die anderen drei Gräber in die
gleiche Periode der Vorgeschichte einzustufen. Über den Gruben werden sich niedrigere Grabhügel gewölbt haben, die im Laufe der Jahrhunderte weggepflügt sind.

Nach dem heutigen Kenntnisstand lag der Schwerpunkt der Versorgung in der Bronzezeit schon auf der Landwirtschaft. Trotzdem findet man in den Männergräbern fast ausschließlich Gegenstände, die auf Jagd oder Fischfang hinweisen. Wenn wir davon ausgehen dürfen, daß solche Beigaben auf eine Hauptfunktion des Toten verweisen, wird hier eine Gesellschafts-Struktur angedeutet, in der die Männer ihr Leben vor allem mit Tätigkeiten wie Jagen und Angeln ausfüllten, den Bereich der harten Knochenarbeit auf dem Felde und dem Hof aber den Frauen überließen.

Um 1100 v. Ch. änderte sich die Bestattungssitte. Der Leichnam wurde nicht mehr in einem Baumsarg der Erde anvertraut, sondern verbrannt. Die Asche (Leichenbrand) wurde in einer Urne unter einem kleinen Hügel eingegraben. Viele solcher Bestattungen nebeneinander bildeten wahrhafte Urnenfriedhöfe; heutzutage sind die niedrigen Hügel meist verschwunden. In der Grabungsfläche fanden wir das Unterteil einer solchen Urne. An eine Wohnstätte erinnerte nur noch eine Abfallgrube, die so viel Scherben in sich barg, daß zwei Töpfe zusammengefügt werden konnten (Abb. 6).

Funde der nachfolgenden Eisenzeit fehlten in der Grabungsfläche. Erst aus der Kaiserzeit, der Zeit der Langobarden, konnte wieder Besiedlung nachgewiesen werden. Zwei zerdrückte Urnen (Abb. 7 und 8) und Reste einer dritten belegen, daß man das Gelände am Lerchenberg noch immer als einen Ort der Toten betrachtete, eine Deutung, die seit der frühen Bronzezeit vorhanden war und also eine Periode von nahezu zweitausend Jahren überbrückt!
Solche Fakten sprechen für eine Bodenständigkeit einer Bevölkerung über sehr lange Zeiträume, wobei allerdings mehrfacher Wechsel der Kultur zu beobachten ist. Bei der Aufstellung von Theorien, daß in der Urgeschichte ein ständiges Hin- und Herziehen von Menschengruppen stattgefunden hat, dürfte einige Zurückhaltung angebracht sein.

In unmittelbarer Nähe einer der Urnen lag im verpflügten Boden eine Bronzefibel, die höchstwahrscheinlich in dem Gefäß gelegen hat (Abb. 9). Wegen der Abdeckung der Federspirale mit kleinen Platten nennt man eine solche Kleidungsnadel „Fibel mit zweilappiger Rollenkappe". Die aufwendig konstruierte Spirale wird oben am Bügel von einem Sehnenhaken festgehalten, dessen Form an einen Tierkopf erinnert. Linien von kleinen Einstichen zieren die Bügelflächen, die durch einen Kamm voneinander getrennt werden. Solche Fibeln waren bei den Langobarden beliebt.

Keramikfunde aus der Völkerwanderungszeit sind an der Sandgrube nördlich vom Lerchenberg gefunden worden. Wegen der Bodenverhältnisse war eine nähere Untersuchung leider nicht erfolgversprechend.

Zum Schluß möchte ich einen Lesefund des Herrn Reimann aus dem Süden der Gemarkung vorstellen (Abb. 1, Nr. 5). Bei mittelalterlicher Düngung ist eine 4 cm hohe Tonfigur auf den Acker geraten (Abb. 10). Sie stellt Kopf und Schulter eines nach vorne geneigten Mannes dar, wahrscheinlich ein Reiter. Sein Bart, Augenbrauen, Augen und Mund sind mit rötlicher Eisenoxydfarbe angemalt. Der spitz ausgeformte Hinterkopf ist wohl eine Art Kapuze, wie sie uns aus dem hohen Mittelalter von Abbildungen durchaus geläufig ist. Die bisherigen Ermittlungen haben noch kein vergleichbares Stück geliefert. Es ist aber bekannt, daß mittelalterliche Töpfer vereinzelt zum Spaß mal Spielzeugfiguren im Ofen mitgebrannt haben. Seine Existenz, roh geformt und noch viele

Fragen offen lassend, vermag den heutigen Stand der Archäologie in der Ochtmisser Gemarkung zu symbolisieren. Wie ich darzulegen versucht habe, ist das letzte Wort noch lange nicht gesagt.

Lüneburg, 5. Februar 1982

Joost Assendorp, Bezirksarchäologe

Zeichnungen: Hella Köst
Fotos: Wolfgang Sättler und Jens von Dein
Niedersächsisches Landesverwaltungsamt
— Institut für Denkmalspflege —
Außenstelle für den Regierungsbezirk Lüneburg

Anmerkungen

(1) Übersicht der vor- und frühgeschichtlichen Perioden:

Mesolithikum (Mittelsteinzeit)	ca.	8000 – 4000 v. Chr.
Neolithikum (Jungsteinzeit)	ca.	4000 – 1700 v. Chr.
Bronzezeit	ca.	1700 – 700 v. Chr.
Eisenzeit	ca.	700 – AD
Kaiserzeit	ca.	AD – 350 n. Chr.
Völkerwanderungszeit	ca.	350 – 550 n. Chr.

(siehe: K. H. Jacob-Friesen: Einführung in Niedersachsens Urgeschichte, Hildesheim 1959, S. 6 - 7)

(2) (G. Körner und Fr. Laux: Vorgeschichte im Landkreis Lüneburg, Lüneburg, 1971, S. 138)

Bildunterschriften

Abb. 1:   Fundplätze in der Gemarkung Ochtmissen

Abb. 2:   Feuersteinkratzer (Maßstab 1 : 1)

Abb. 3:   Gräber in der Ausgrabungsfläche 1981

Abb. 4:   Plan der Gräber: fettgedruckt die Verkeilungssteine, A und B — Lage der Pfeilspitzen

Abb. 5:   Feuersteinpfeilspitzen (Maßstab 1 : 1)

Abb. 6:   Bronzezeitliche Siedlungskeramik

Abb. 7:   Zerdrückte Urne in situ

Abb. 8:   Kaiserzeitliche Urnen

Abb. 9:   Fibel mit zweilappiger Rollenkappe (ca. 4 cm groß)

Abb. 10: Der Reiter von Ochtmissen — Tonfigur

975 Jahre Ochtmissen

von Alfred Peuker

Weg und Schicksal eines alten Bauerndorfes

Auf dem Siedlungsraume der Langobarden ist Ochtmissen einst entstanden. Die Geschichte des Dorfes reicht bis in das frühe Mittelalter zurück. Seine Existenz ist wesentlich früher zu vermuten. Über die Gründungszeit des Ortes haben wir keine Nachrichten. Sie verliert sich im Dunkel der Geschichte.

Mischwald, Heide, Wiesen und Moore werden das Gesicht dieser Landschaft geprägt haben, deren letzte Gestaltung durch das Wirken der Eiszeiten geprägt worden war.

Im Osten hatte die Ilmenau eine natürliche Grenze gezogen, sie war einst Elmenau genannt worden. Bardowick, Go-Hauptstadt und Warenumschlagplatz alter Handelswege, bildete die Grenze im Norden. Waldsenken, durchsetzt mit Mooren grenzten nach Westen. Und im Süden lag der langgezogene Querrücken des Kreideberges, hinter dem sich der mächtige Kalkberg schroff emporgehoben hatte, die Orte Modestorpe und Hliune sowie das Tal der Ilmenau beherrschend.

Unbekannt ist die Anzahl der Jahrzehnte, ja wahrscheinlich der Jahrhunderte, die der Ort schon bestanden hatte, bevor er zum ersten Male urkundlich genannt worden ist. Eine tragische Familien-Geschichte der Grundherren dieses Dorfes war vorausgegangen.

1004

Mit Namen Hotmannessun wurde Ochtmissen erstmalig urkundlich genannt

Das im Familienbesitz gewesene Dorf wurde unter dem Namen Hotmannessun zum ersten Male in einer Urkunde des Kaisers Heinrich II. vom 2. November 1004 genannt, die in Magdeburg ausgestellt worden war.

Darin nahm Kaiser Heinrich II. das von den Schwestern Frederuna und Imma mit Hilfe des Grafen Gero gegründete Nonnenkloster Kemnade unter seinen Schutz, dem die Gründerinnen ihre in dieser Urkunde aufgeführten Besitzungen geschenkt hatten und verlieh ihm die Freiheit von Gandersheim, Quedlinburg und Herford mit dem Vorbehalt, daß das Kloster bis zum Tode der Stifterinnen in ihrem Besitz bleibe sowie Immunität und das Wahlrecht. Unter den in 26 Orten aufgezählten Besitzungen ist auch Hotmannessun genannt worden, das später den Namen Ochtmissen erhalten hatte. Das Original dieser Urkunde befindet sich noch heute im Nordrhein-Westfälischen Staatsarchiv zu Münster.[1]

---

1) Staatsarchiv Münster, Urkunde Kemnade 1004 November 2;
Veröffentlichung unbedenklich lt. schriftl. Auskunft
– 11 – 21 – 2.1 – 468/81

Urkunde des Kaisers Heinrich II. vom 2. November 1004 (Originaltext)

„In nomine sancte et individue trinitatis. Heinricus (divi) na favent clemencia rex. Omnium sancte dei aeclesiae nostrumque fidelium presencium ac futurorum comperiat universitas, qualiter domna Frederuna venerabilis abbatissa einsque soror Imma comitissa, Gerone comite adiuvante, construcserunt quoddam monasterium ad honorem sancte dei genitricis et perpetue virginis Marie dedicatum, ad quod omnem heriditatem, hoc est: Keminetan, Hegen, Barigi, Tundiriun, Othere – hec sunt in Tilithi –; Uarstan in Auga; Rothe in Unikanauelde; Bardenuuic, Hotmannessun, Uittlorp, Britlingi, Biangibudiburg, Addunesthorp, Hatherbiki, Bodanhuson, Sutherburg in Bardanga; Claniki in Dreuani; Uuigmannesburstal, Bennedesthorp in Mosidi; Uuidila, Uualders (i) di, Kokerbiki in Heilanga; Hola (na), Ann, Setila in Hogtrunga; Hepstidi, Sinigas cunctaque earum hic prememorata predia gratissima voluntate tradiderunt, que vero sita sunt in comitatu Berhardi ducis. Unde nostram regalem aggresse maiestatem suplices rogaverunt, ut ipsum monasterium in nostri mundiburdio susciperemus talisque libertatis ac legis primatum concederemus, qualem Gandesheim, Quitilinburg, Heriuurti tenere videntur, quod nos peticione Theodrici Mimidonesis episcopi fecisse omnium noscat universitas fidelium. Ad hec statuimus, ut in prefate abbatisse sueque sororis comitisse potestate prediktum monasterium et abbacia nostro persistat concessu diebus vite earum, post obitum vero utrarumque earum at nostrum publicum eadem abba (ci) a ius in perpetuum pertineat. Insuper autem volumus, ut nulla maior sive minor regni nostri persona in eadem abbacia placitum facere aud aliquam sibi molestiam inferre vel publicam funccionem ex (i) ge (r) e, nisi advocatus abbatisse sanctarumque monialium. Hoc etiam nostra regali auctoritate (ad hoc con) cedimus (abba) cie, ut sancte moniales eiusdem monasterii, abbatiss (a def)–uncta, licenciam habeant eligendi (a)liam ad hoc idonea(m). Et ut huius nostr(e) auctoritatis prece(pt) um firmius omni (t)em(po)re perseveret, h(a)nc pag(inam manu) propria roborantes si (gillo nostr) o iussimus insigni(ri).

Signum Heinrici (M.) re(gis invicitissimi).

Egilbertus cancellarius vice Uuilligisi archicappllani notav.

Data IIII. non. novemb. anno dominice incarnacionis MIIII, indiccione II, anno vero domn(i Heinrici II. regis III; actum Mag)gadeburc". [2]

---

2)   Die Urkunden der Deutschen Könige und Kaiser, Bd. 3: Die Urkunden Heinrichs II. und Arduins, 2. unveränderte Auflage: Urk. Nr. 87.

Urkunde des Kaisers Heinrich II. vom 2. November 1004 (Deutsch)

Im Namen der heiligen und unteilbaren Dreieinigkeit. Heinrich, König mit Hilfe der göttlichen Gnade. Die Gesamtheit aller unserer Getreuen und der der heiligen Kirche Gottes, der gegenwärtigen und der zukünftigen, soll erfahren, daß die Herrin Frederuna, die ehrwürdige Äbtissin, und ihre Schwester Gräfin Imma mit Unterstützung des Grafen Gero zur Ehre der heiligen Mutter Gottes und ewigen Jungfrau Maria ein Kloster errichtet und es ihr geweiht haben. Diesem haben sie ihr gesamtes Erbe (vermacht), und zwar (ihre Güter in): Kemnade (Keminetan), Heyen (Hegen), Börry (Barigi), Tündern (Tundirium), Ohr (Othere) im Tilithigau gelegen, Forst (Uarstan) im Augau, Rothe (Rothe) im Gau Wikanavelde, – Bardowick (Bardenuuic), Ochtmissen (Hotmanessun), Wittorf (Uitthorp), Brietlingen (Britlingi), Bienenbüttel ? (Biangibudiburg), Addenstorf (Addunesthorp), Hesebeck (Hatherbiki), Bahnsen (Bodanhuson), Suderburg (Sutherburg) im Bardengau (Bardanga), Clenze (Claniki) im Drawehn (in Dreuani), Wichmannsborstel (Uuigmannesburstal), Bendestorf (Bennedesthorp) im (Gau) Mosidi; Wedel (Uidila), Wohlerstedt (Ualdersidi), Kakerbeck (Kokerbiki) im (Gau) Heilanga, Hollen (Holana), An (Ann) Abbenseth (Setila) im (Gau) Hogtrunga; Hipstedt (Hepstidi), Schnega (Sinigas); und alle ihre vorbenannten Güter haben sie dankbar und freiwillig übergeben. Diese Güter liegen aber im Herrschaftsbereich (Grafschaft) des Herzogs Bernhard. Daher haben sie sich an unsere königliche Erhabenheit gewandt und kniefällig darum gebeten, daß wir dieses Kloster in unseren Schutz nehmen und ihm die besonderen Vorrechte einräumen möchten, was Freiheiten und Gesetze betrifft, wie sie die (Reichs-)Klöster Gandersheim, Quedlinburg und Herford besitzen. Dies haben wir auf Bitten des Bischofs Dietrich von Minden getan, was die Gesamtheit aller unserer Getreuen wissen soll. Dementsprechend bestimmen wir, daß Kloster und Abtswürde in der Hand vorgenannter Äbtissin und ihrer Schwester, der Gräfin mit unserer Zustimmung verbleiben soll, solange sie leben, nach ihrer beider Tod jedoch die (Besetzung der) Abtswürde für immer unserem öffentlichen Recht zustehen soll. Außerdem aber wollen wir, daß keine höher oder niedriger gestellte Person unseres Königreiches in der Abtei einen Gerichtstag abhalten, sie irgendwie belasten oder ein öffentliches Amt in ihr ausüben außer dem Vogt, der Äbtissin und der heiligen Nonnen. Auch dieses bewilligen wir kraft unserer königlichen Gewalt der Abtei darüber hinaus, daß die heiligen Nonnen dieser Abtei die Freiheit haben, nach dem Tode einer Äbtissin sich eine andere zu wählen, die zu diesem Amt geeignet ist. Und damit die Anordnung dieser unserer Gewalt sicherer für alle Zeit bestehen bleibt, haben wir dies Blatt (Urkunde) mit eigener Hand vollzogen und mit unserem Siegel besiegeln lassen. ...

Gegeben den 2. November im Jahre des Herrn 1004 ...,
im 3. Jahr König Heinrichs II.; vollzogen in Magdeburg [3]

---

[3] Vorstehende Urkunde wurde freundlicherweise von Herrn Studiendirektor i. R. Gerhard Meyer, Bardowick, von Latein in Deutsch übersetzt.

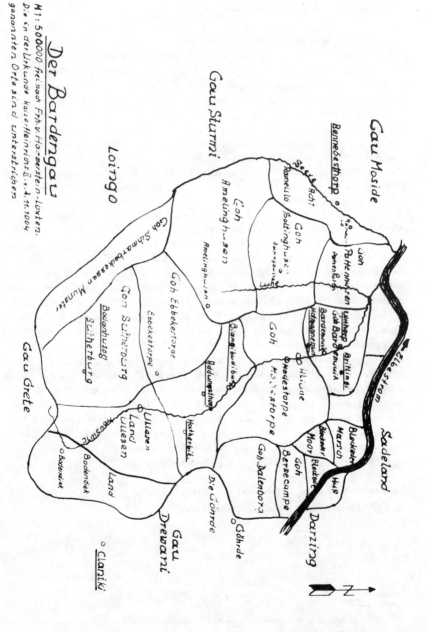

Von Hotmannessun zu Ochtmissen

Der in der Urkunde des Kaisers Heinrich II. vom Jahre 1004 genannte Ortsname Hotmannessun weist auf einen Personennamen hin. Es kann sich hierbei um den Gründer des Dorfes handeln oder um eine Persönlichkeit, welcher der Ort in seiner Gesamtheit unterstanden hat. Beide würden den Namen Hotmann getragen haben.

Zum Namen Hotmann sei angeführt, daß die Langobarden, wie auch die Sachsen, das H des Anlautes aufgaben und anstelle von Hotmann der Name Ohtmann entstand, der schließlich als Ochtmann ausgesprochen wurde (s. auch Hliune — Lüne).

Der im Plural stehende Ortsname deutet auf eine Ansiedlung mehrerer Besitztümer hin. Der Ort ist daher unter den sogenannten —hausen-Dörfern einzureihen, in denen der Name des Gründers im Begriff mit Haus enthalten ist. (Im heutigen Sinne könnte der Ort Ochtmannshausen genannt worden sein.)

Die Schreibform zu Ochtmissen könnte sich etwa wie folgt ergeben haben.

Im Jahre 1004 wurde das Dorf Hotmannessun geschrieben; es war auszusprechen als Ochtmannessun. Eine weitere Form der Namenswandlung erfolgte für das im starken Genitiv stehende Wort über Ochtmannessen, Ochtmannishusen bis zu Ochtmissen. (Ähnlich war es bei Dachtmissen von Dachmund — Langobardisch Dachimundus — zu Dachtmissen.)

Der Personenname Ochtmann soll aus dem Langobarden-Namen Octari herrühren.[4]

Die Hausen-Dörfer, deren es im Bardengau sehr viele gibt, sollen schon sehr frühzeitig entstanden sein. Historiker neigen zu der Annahme, daß die Dörfer mit Bildungen auf —hausen schon in frühgeschichtlicher Zeit um 500 bis 800 ihre Besiedlung begonnen hätten. Sie würden damit zu den ältesten Dörfern des Bardengaues zählen.[5]

937
Graf Wichmann, Sohn des Grafen Billing, besaß Ochtmissen

Die Stifterinnen des Klosters Kemnade, Frederuna und Imma, waren Töchter des Grafen Wichmann. Sein Besitztum muß äußerst umfangreich gewesen sein, wenn schon zwei seiner insgesamt sechs Kinder über ein Erbe in 26 Ortschaften verfügten, von denen eine Anzahl Orte vollständig in ihrem Besitz gewesen sein können.

Graf Wichmann wird schon im Jahre 937 als ein mächtiger (vir Potens), tapferer und kriegserfahrener Mann gerühmt. Neben seinen weitreichenden Besitzungen, von denen ein Teil in der Urkunde vom 2.11.1004 aufgeführt ist, war er nach einer Urkunde des Königs Otto I. vom 11. Oktober 937 Herr über einen Komitat im Gau Wimoda (im Bremischen).

Im Hinblick auf die Familienverhältnisse der ersten bekannten Grundherren von Ochtmissen, die in teilweise tragischer Verstrickung in einen entscheidenden Abschnitt Deutscher Geschichte hineinwirkten, sei es gestattet, näher auf die ersten Grundherren Ochtmissens und ihre Stammesverwandten einzugehen.[6]

---

4 Buckmann, Ludw.: „Orts- und Flurnamen" in: Lüneburger Heimatbuch v. O. u. Th. Benecke, S. 200 - 203
5 H. Pröve: Dorf und Gut im alten Herzogtum Lüneburg, S. 8/9
6 A. Ch. Wedekind „Noten" II, S. 63; R. Wenskus: „Sächsischer Stammesadel und fränkischer Reichsadel", S. 244, Göttingen 1976

Graf Wichmann soll neben seinem Komitat im Bremischen auch an der Unterelbe und vor allem aber in den heutigen Landkreisen Uelzen und Lüneburg über umfangreichen Besitz verfügt haben, in dem vermutlich Wichmannsburg sein Stammsitz gewesen sei.

Es wird berichtet, daß Graf Wichmann mit Bia verheiratet gewesen sei. Diese war eine Schwester der Königin Mathilde, der Gemahlin Königs Heinrich I. in dessen zweiter Ehe, die ihre Abstammung auf Sachsenherzog Widukind zurückführte.
Daneben hatte Bia noch zwei weitere Schwestern. Eine hieß Frideruna, die Gemahlin des Grafen Brun von Arneburg gewesen sei.[7)]
Die andere Schwester von Bia hieß Amalrada und war verheiratet mit dem Grafen Eberhard von Hamaland.[8)]

Aus der Ehe des Grafen Wichmann mit Bia sollen sechs Kinder hervorgegangen sein, und zwar drei Söhne, mit Namen Wichmann (der Jüngere), Ekbert (genannt der Einäugige) und Bruno sowie drei Töchter, die Hadwig (Hathui), Frederuna und Imma hießen.

Graf Wichmann selbst war der ältere von drei Brüdern. Seine beiden jüngeren hießen Hermann und Amelung.
Als Vater dieser drei Brüder wird ein Graf Billing genannt.[9)]

Diese drei Söhne des Grafen Billing und auch deren Nachkommen wurden von der Nachwelt „Die Billunger" geheißen, obwohl es zu deren Lebzeiten im 10. Jahrhundert noch keine Nachnamen gab, die erst im 12. Jahrhundert und später aufkamen. Hierzu hatten vor allem die Forschungen beigetragen, die um Hermann, den späteren Sachsenherzog, angestellt worden waren.

Zunächst soll aus „Hermann, Billings Sohne" unter Weglassen der Sohnesbezeichnung „Hermann Billing" und später unter Anlehnung an die fränkische Form „Hermann Billung" und in ihrer Gesamtheit am Ende „Die Billunger" entstanden sein.[10)]

Amelung, der Bruder Hermanns und Wichmanns, wurde Priester, er war von 933 bis 962 Bischof von Verden.

Aus der nahen Verwandtschaft des Grafen Wichmann mit dem Königshause der Sachsen darf zu schließen sein, daß er und seine Brüder sowie deren Vorfahren dem sächsischen Hochadel angehörten und auch über entsprechend hohe Stellungen im Lande verfügt hatten.

Unter König Heinrich I., seinem Schwager, war Graf Wichmann ein erfolgreicher und tapferer Heerführer gewesen. Im Jahre 932 hatte er u. a. den Oberbefehl über die im Nordthüringen-Gau eingesetzten Heere ausgeübt.

---

7) Alfred Keseberg; Sachsenherzog Hermann Billung und die Grafen Wichmann. S. 38
8) Reinhard Wenskus; Sächsischer Stammesadel und fränkischer Reichsadel, S. 132
9) Alfred Keseberg; S. 36; A. Ch. Wedekind; Hermann, Herzog von Sachsen, S. 20; Reinhard Wenskus, S. 247
10) Alfred Keseberg, S. 37

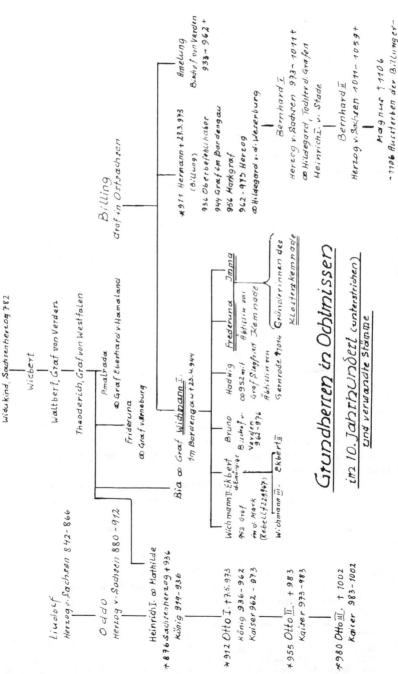

944
Graf Wichmann verstorben, Streit um sein Erbe begann

Graf Wichmann war am 23. April 944 verstorben.[11] Seine Gemahlin Bia, die Schwester der Königin Mathilde, war ihm im Tode vorausgegangen.[12]

Die sechs Kinder der verstorbenen Eheleute müssen noch sehr jung gewesen sein beim Tode ihrer Eltern. Es waren drei Söhne und drei Töchter.

Den Sohn Wichmann hatte König Otto I. an Kindes Statt angenommen und ihn bei Hofe standesgemäß erziehen lassen. Ein anderer Sohn, Bruno, war ins Klosterleben gegangen. Er war später von 962 bis zu seinem Tode im Jahre 976 Bischof von Verden. Der dritte Sohn, Ekbert, der später als der Einäugige bezeichnet wurde, weil er im Kampfe ein Auge verloren hatte, verstrickte sich gemeinsam mit seinem Bruder Wichmann mehrfach in Auseinandersetzungen gegen Hermann, den Bruder des verstorbenen Vaters, um des Vaters Erbe.[13]

Die drei Töchter hießen Hadwig, Frederuna und Imma. Hadwig wurde im Alter von 13 Jahren im Jahre 952 mit Graf Siegfried vermählt, dem Sohne des mächtigen und angesehenen Markgrafen Gero.

Frederuna und Imma gründeten mit ihrem Erbe das Kloster Kemnade an der Weser mit Unterstützung des Grafen Gero.[14]

Wichmann d. J. hatte schon bald nach dem Tode seines Vaters Streit mit seinem Onkel Hermann bekommen wegen der väterlichen Erbschaft. Er stellte ihn, den späteren Herzog, als Räuber seines Erbes und seiner Schätze dar. Dieser Streit war soweit gegangen, daß Wichmann d. J. und sein Bruder Ekbert offen gegen Hermann gekämpft hatten.

Der Streit Wichmanns d. J. und Ekberts gegen den mächtig gewordenen Onkel und Herzog Hermann hatte sich trotz mehrerer Mißerfolge und zwischenzeitlich scheinbar friedlichem Verhalten immer wieder fortgesetzt. Im Jahre 965 hatte sich Wichmann schließlich auf einen Mordanschlag gegen Hermann eingelassen. Er und seine Helfer waren zum Tode durch den Strang verurteilt worden. Wichmann d. J. und Ekbert waren durch die Flucht entkommen.
Wichmann hatte sich nach diesem neuerlichen Fehlschlag seines aufständischen Kampfes gegen Hermann in den nordöstlichen Raum der Slawen begeben. Dort hatte er weitere kriegerische Auseinandersetzungen gesucht.
In einem Gefecht gegen den polnischen Fürsten Misico (Misaka) war er am 22. September 972 gefallen.[15]

Sein Bruder Ekbert war später begnadigt worden. Das Erbe Wichmanns d. J. war eingezogen und durch Entscheidung des Kaisers Otto I. zu zwei gleichen Teilen auf die Klöster Kemnade und St. Michaelis zu Lüneburg verteilt worden.[16]

---

11) Wedekind, Noten II, 63; Necrolog Fulda Leibn. III. 763
12) A. Keseberg, S. 78
13) Wedekind, Noten II, 66 - 69
14) Wedekind, Noten II, 64 - 65; A.Keseberg, S. 40
15) Wedekind, Noten II, 66-- 71; A. Keseberg, S. 95 - 138
16) L. A. Gebhardi, S. 8; A. Keseberg, S. 139

Kloster Kemnade und seine Bedeutung für Ochtmissen

Die beiden Töchter des verstorbenen Grafen Wichmann, Frederuna und Imma, hatten dem von ihnen an der Weser gegründeten Kloster den Namen Keminata = heizbares Frauengemach gegeben.

Über die Gründungszeit dieses Klosters gibt es bisher weder eine Urkunde noch genaue Angaben. Letztere besagen eine Zeit zwischen den Jahren von 952 bis 967.[11]
Als früheste Zeit wird das Jahr 952 angenommen, in dem die 13jährige Schwester Hadwig mit Graf Siegfried, dem Sohne des Markgrafen Gero, vermählt wurde.

Unter der Voraussetzung, daß es wirklich Markgraf Gero war, der bei der Gründung des Klosters Kemnade mithalf, aber in der Urkunde von 1004 nur als Graf Gero benannt ist, käme spätestens das Jahr 965 in Betracht, in dem Markgraf Gero verstarb. Es bestehen deshalb Zweifel, ob es nicht jener Graf Gero gewesen sei, der für einen Schwestersohn des Markgrafen Gero gehalten würde und als Verwandter bei der Gründung des Klosters mitgeholfen hätte. Wenn das zuträfe, würde die Gründung von Kemnade etwa um 967 erfolgt sein.[12]

Für die 7 Höfe Ochtmissens hatte die Gründung des Klosters Kemnade zugleich die Unterstellung unter dessen Grundherrenschaft bedeutet. Aber für das Dorf Ochtmissen lag die spätere Bedeutung darin, daß es, wenn auch mehrere Jahrzehnte nach der Gründung Kemnades, bereits im Jahre 1004 urkundlich genannt worden ist. Andere Urkunden, in denen Ochtmissen genannt wurde, sind erst wieder aus der Zeit nach dem Jahre 1300 bekannt.

Die Bestätigungen der Privilegien und Besitztitel des Klosters Kemnade sind kurz nach 1004 noch mehrmals gegeben worden durch drei weitere Kaiserurkunden, nämlich durch Heinrich II. vom 26. März 1017, durch Konrad II. vom 8. Februar 1025 und durch Heinrich III. vom 3. September 1039. Es hatte sich dabei um Wiederholungen der Urkunde vom Jahre 1004 gehandelt.[13]

Die Gewährleistung kaiserlichen Schutzes hatte nach dem damaligen Kirchenrechte auch seine andere Seite. Mit der Unterstellung unter kaiserlichen Schutz war das Kloster Kemnade zum „monasterium regium" zum Kloster der Krone geworden. Dem Herrscher standen danach wichtige Rechte über das Kloster zu. Er konnte es mit seinen Liegenschaften vererben, vertauschen, verpfänden, verkaufen oder gar verschenken. Auch die Äbtissin konnte er nach eigenem Willen einsetzen oder absetzen. Wie wir sehen werden, machte König Konrad III. davon Gebrauch.[14]

---

11) Wedekind, Noten II. S. 63 - 64
12) Wedekind, Noten II. S. 63 - 64 und Keseberg, S. 139
13) Fürstl. Archiv Schloß Corvey, Schrb. Dr. Brüning v. 01.07.1980
14) K. Lübeck, in Nds. Jahrb. f. Landesgesch. Bd. 18, S. 8

Um das Jahr 1100 waren im Zusammenhang mit dem zwischen Königtum und Kirche erbittert geführten Investiturstreit in Deutschland neben religiösen Wirren auch im Lande große Schäden entstanden. Die Bande zur Zucht und Ordnung hatten sich zu lösen begonnen. Auch die Klöster blieben davon nicht verschont, wenn an ihrer Spitze keine Persönlichkeiten standen, die ihren Aufgaben auch in schweren Zeiten gewachsen waren.[15]

Um 1140 war Gräfin Judith von Northeim-Boyneburg Äbtissin zu Kemnade. Ihr war nachgesagt worden, ein recht freies Leben zu führen. Sie soll sehr jung gewesen sein. Gleichzeitig war sie Vorsteherin des Stiftes zu Eschwege.[16]

Gegen Judith war ein Absetzungsverfahren durch den päpstlichen Legaten Thomas eingeleitet worden. Sie hatte dieses mißachtet und obendrein noch Güter des Klosters an einige ihrer Günstlinge vergeben.[17]

Etwa zu dieser Zeit war der bisherige Abt zu Stablo, Wibald, zum Abt von Kloster Corvey gewählt worden. Wibald, in klosterrechtlichen Angelegenheiten sehr erfahren, hatte enge Verbindungen zu Kurie und Krone geknüpft und erhalten. Außerdem war er ein Vertrauter des Königs Konrad III. Anstelle einer anderen Äbtissin für Kemnade hatte er seinem König die Schenkung des Klosters Kemnade an das Mönchskloster zu Corvey vorgeschlagen. Zusammen mit den Benediktiner-Mönchen zu Corvey suchte er Nutzen zu ziehen aus den fragwürdigen Zuständen in Kloster Kemnade durch Einverleibung des an Gütern und Grundbesitz reichen Frauenklosters. Als Wiebald am 30.Januar 1147 in Fulda mit Konrad III. zusammengetroffen war, hatte er nach Drängen von seinem König die Zusage erhalten, auf sein königliches Recht am Kloster Kemnade zu verzichten und dieses an das Kloster Corvey zu verschenken. Die rechtskräftige Beurkundung und Belehnung sollte auf dem Reichstag Mitte März 1147 in Frankfurt erfolgen. Dort wurde die Inkorporation Kemnades bestätigt. Um das Jahr 1151 hatte auch der Papst Eugen III. zugestimmt.[18]

Herzog Heinrich der Löwe war Vogt über die beiden Frauenklöster Kemnade und Fischbeck, die auf dem Frankfurter Reichstag im März 1147 an das Mönchskloster Corvey verschenkt worden waren. Im Anschluß daran war ein Mandat Konrads III. an Herzog Heinrich ergangen, das Vogteirecht über die beiden Klöster dem Abt Wibald zu überlassen.

In einer diesbezüglichen Urkunde Heinrichs, die vermutlich Anfang Mai 1147 ausgestellt worden war, ist nur Kemnade als Gegenstand der Schenkung angeführt worden.[19]

Abt Wibald hatte zur Umwandlung der beiden Frauenklöster einen Teil seiner Mönche aus Corvey nach Fischbeck und Kemnade gesandt. In Fischbeck waren sie am entschlossenen Widerstand des Grafen Adolph von Schaumburg-Holstein gescheitert, und kein Mönch aus Corvey hatte dieses Kloster betreten können. In Kemnade aber hatten sie Erfolg. Die Mönche verteilten die Frauen auf verschiedene Häuser und nahmen den Kirchenschatz an sich. Kemnade blieb bei Corvey![20]

Dem Abt Wibald von Stablo und Corvey war es gelungen, eine für das Nonnenkloster Kemnade ungünstige Situation zu benutzen, um dieses Kloster dank seiner Vertrauensstellung zu Konrad III. dem Mönchskloster Corvey einzuverleiben.

---

15) K. Lübeck, in Nds. Jahrb. f. Landesgesch. Bd. 18, S. 13
16) Jakobi, Wibald v. Stablo und Corvey, S. 84
17) Jakobi, Wibald v. Stablo und Corvey, S. 85
18) Jakobi, Wibald v. Stablo und Corvey, S. 40 - 69
19) K. Jordan, Die Urkunden Heinrichs des Löwen, Urk. Nr. 8
20) K. Lübeck in: Nds. Jahrb. f. Landesgesch. Bd. 18, S. 14 - 30; Handbuch d. hist. Stätten Deutschlands, II. Bd. Nds.u. Bremen, S. 224; Tausend Jahre Kloster Kemnado 964 - 1964

Die Ereignisse um das Kloster Kemnade hatten sich weitab von Ochtmissen zugetragen.
Dagegen kam wenige Jahrzehnte später ein folgenschweres Unheil über die angrenzende, uralte Stadt Bardowick, zu deren Vogtei Ochtmissen gehörte, und deren Schicksal auch den Bewohnern des Ortes nicht gleichgültig gewesen sein konnte.

Im Jahre 1189 war Heinrich der Löwe aus dem Exil in England zurückgekehrt, als er erfahren hatte, daß seine Gegner während seiner Abwesenheit den ihm verbliebenen Besitz an sich gerissen hatten. Mit einer starken Heeresmacht, die er unter seinen Freunden gesammelt hatte, war Heinrich der Löwe im Oktober 1189 bei Artlenburg über die Elbe gesetzt und bald vor Bardowick erschienen.

Diese Stadt, die ihm schon im Jahre 1182 bei seiner Flucht vor dem Kaiser Friedrich I. (Rotbart) den Einlaß verweigert hatte, soll ihm abermals den Zutritt verwehrt und das Eindringen Heinrichs des Löwen und seines Heeres mit Waffengewalt zu verhindern versucht haben. Nach hartem Widerstand der Bardowicker Verteidigungskräfte war die Stadt eingenommen und zerstört worden. Das soll am 28. Oktober 1189 geschehen sein.[21]

Über die Zerstörung Bardowicks existiert nur ein einziger Bericht eines gleichzeitigen Chronisten. Der Bericht des Abtes Arnold vom St. Johanniskloster zu Lübeck lautet in deutscher Übersetzung:

„Der Herzog schloß mit einem aus Stade, aus dem Lande der Holtseten, Sturmaren und Polaben zusammengezogenen Heere Bardewich ein, und begann es mit Hülfe der Grafen Bernhard zu Racesburg, Bernhard von Welpe, Helmold von Zwerin und anderer Freunde zu bestürmen. Die Belagerten aber, entschlossen, die Stadt nicht zu übergeben, verteidigten sich. Allein der Herzog behielt gegen sie die Oberhand, und die gar reiche Stadt ward zerstört, so daß die Krieger selbst die Kirchen und Friedhöfe nicht schonten, sondern alles plünderten und die Stadt einäscherten. Alle, die in der Stadt waren, wurden gefangen genommen, darunter befand sich Hermann von Störtenbüttel nebst anderen Rittern außer den Bürgern der Stadt; kaum die Weiber und Kinder entrannen der Gefangenschaft."[22]

In Berichten über die Zerstörung Bardowicks wird auch mitgeteilt, daß Heinrich der Löwe die Glocken und Kirchengeräte des Domes nach Ratzeburg habe bringen lassen, wo er sie dem von ihm erbauten Dome zu Ratzeburg geschenkt habe. Daß es sich hierbei nicht nur um Erzählungen des hiesigen Raumes handelt, beweisen auch Abhandlungen aus dem Ratzeburg-Lübecker Raume zu diesem Thema.

Der Landessuperintendant und Dompropst H. H. Schreiber berichtet in seinem Büchlein „Der Dom zu Ratzeburg. Acht Jahrhunderte", Ratzeburg 1954:

„... Is all lang her, dunn har Herzog Heinrich de Löw de ollen Glocken von Bardowieck nah den niegen Dom in Ratzeborg bringen laten. Wi weeten nich, wolang se de Minschen hier ropen hebb'n. Doch 1552 hett de Graf von Mansfeld von de Domglocken Kanonen geten laten ..." (Seite 143)

Auch in den „Veröffentlichungen zur Geschichte der freien und Hansestadt Lübeck" schreibt Prof. Dr. Theodor Hach über den Ratzeburger Dom: *„Die nach dem Ende des 12. Jahrhunderts entstammende, von Heinrich dem Löwen gegründete Stiftskirche soll ihre ersten Glocken aus Bardowick erhalten haben ... Von diesen ältesten Glocken hat sich keine mehr erhalten ... nicht über das Jahr 1552 hinaus, da damals die Ratzeburger Glocken eingeschmolzen worden sind."*[23]

21) Chr. Schlöpken, Chronik von Bardowick, S. 202 - 209
22) Sprengell, Noch einiges vom alten Bardowick (1891 - 1895)
23) Archiv d. Domkirche zu Ratzeburg, Schrb. v. 9.7. u. 15.9.1981

Namensgebung – auch Ochtmissen unter den Familiennamen –

Bis in die Zeit des Hochmittelalters trugen die Bewohner der Deutschen Lande nur ihre Vor- und Rufnamen, die noch keine Zugehörigkeit zu einer bestimmten Familie ausdrückten. In überschaubaren Gemeinschaften hatte das ursprünglich genügt.

In den wachsenden Orten und Städten war allmählich eine deutlichere Angabe des Namens neben den sich wiederholenden Vor- und Rufnamen der Einwohner notwendig geworden, vor allem beim Zuzug neuer Bürger. Sie erhielten noch einen Nachnamen, den Familiennamen.

Das hatte etwa um das Jahr 1150 in Deutschland begonnen. Diese neu zu gebenden Familiennamen enthielten zu einem großen Teil die Bezeichnungen des Standes, Berufes, Handwerks des Betreffenden, oder auch den Namen der Gegend, des Landes, der Stadt, des Dorfes, aus denen der Bewohner stammte. Dieser Vorgang der Namensgebung war in Deutschland etwa um 1350 abgeschlossen gewesen. Dabei hatte ein großer Teil der damals im Bardengau ansässig gewesenen Bewohner als Familiennamen auch den des Ortes bekommen, aus dem er stammte, so daß auf diese Weise fast alle Ortsnamen des Bardengaues im hiesigen Raume auch als Familiennamen zu finden sind.[24] Selbst Ochtmissen wurde als Familienname genannt.

In einer Urkunde der Stadt Lüneburg vom 18. Oktober 1374 wird in einer vom Rat der Stadt angeordneten Vormundschafts-Angelegenheit ein „Henneken van Ochtmissen" genannt.[25]

Das Niedersächsische Schatzregister vom Jahre 1438 nennt „In der vogedie to Bardowick" unter „Britlinge" unter anderem:
„Werneke Ochtmissen, 1/2 pl. dedit 12 s." Auf Hochdeutsch etwa: „Werneke Ochtmissen, 1/2 Pflug, Spende 12 Schillinge".[26]

Auch Freiherr von Hammerstein-Loxten nennt in seinem Werk „Der Bardengau" unter den Personen, die aus Nachbargemeinden nach Lüneburg eingewandert waren, „Fratres de Ochtmissen".[27]

---

24) Werner Stein, „Kulturfahrplan", S. 489 u. 573; und W. Reinecke; Geschichte d. Stadt Lbg., Bd. 1, S. 60
25) W. F. Volger; Urk.-Buch d. Stadt Lüneburg, Bd. 2, S. 201, Nr. 837
26) Rudolf Grieser, Schatzreg. v. 1438, S. 20
27) Frh. v. Hammerstein-Loxten; „Der Bardengau", S. 576

Historischer Aufbau Ochtmissens

Die sieben Höfe Ochtmissens waren in mäßiger Entfernung zueinander als Gruppensiedlung so angelegt worden, daß in Zeiten der Not Beistand und Hilfe schnell zur Hand sein konnten.

Ursprünglich werden die Häuser in der Art von Schafskoven gebaut gewesen sein, bei denen Stroh- oder Reetdach bis zur Erde gereicht haben wird. Später waren die Häuser in Ständer-Bauweise errichtet worden. Als Baustoffe waren Holz, Strauchwerk, Lehm, Steine, Sand und Kalk und später auch Ziegelsteine verwendet worden.

Die Häuser waren geräumig gebaut. In der Regel waren sie etwa 80 bis 90 Fuß lang und 40 Fuß breit.

Mensch und Tier lebten unter einem Dach, nur die Schafe waren in besonderen Schafskoven untergebracht, wenn sie zur Winterszeit nicht auf der Weide waren.

Der große Haupteingang führte auf die Diele, in der auf beiden Seiten die meist offenen Stallungen für die Kühe, Pferde, Jungtiere und Kälber lagen. Die Schweine wurden vorwiegend in einem Stall gehalten, der in der Scheune lag.

In Verlängerung der Diele lag der Vorplatz (das Flett), dem die Wohnräume folgten. Im Vorplatz lag die Feuerstelle, die in ihrer Bedeutung den Mittelpunkt des Hauses bildete. Die Feuerstelle war als Herd, im Erdreich vertieft, eingerichtet und kreisförmig mit Steinen ausgemauert, in die eine Roste eingelegt war. Über der Feuerstelle war ein Balkenverbund unter den Trägern des Heubodens angebracht, er wurde „Rehmen" genannt. Am Rehmen hing an einer Kette der Kesselhaken, an den der Kessel gehängt wurde, in dem man die Nahrung für Mensch oder Tier kochte.

Der Kesselhaken

bestand aus einer flachen Eisenschiene, die mit Kerben versehen war. Die Kette, an der der Kesselhaken hing, endete mit einem Ring. Mit dessen Hilfe konnte durch veränderliches Einhängen in die Kerben des Kesselhakens dessen Höhe zum Herdfeuer und damit der anhängende Kessel verändert und so in die gewünschte Feuerzone gebracht werden.[28]

Neben seinem Gebrauch als Herdgerät hatte der Kesselhaken auch symbolische Bedeutung für den Hof. Am Kesselhaken gab der Bauer seine Anordnungen für das Haus. Beim Fehlen eines Dorfkruges hielt auch der Bauermeister seine Besprechungen mit den Höfnern am Kesselhaken seines Hauses ab.

Über den Kesselhaken liefen auch Gerichtsgrenzen,

wie das selbst in Ochtmissen bei dem Hofe (Nr. 3) der Fall war, der dem St. Nikolaihof gehörte. Dieser Kesselhaken wurde als Grenze schon um 1547 erwähnt.[29]
Auch in Vögelsen, Einemhof und Barum usw. waren Kesselhaken als Grenzen festgelegt worden. Es wird berichtet, daß solche Häuser, über deren Kesselhaken eine Grenze lief, immer wieder an gleicher Stelle aufgebaut worden seien.[30]

---

28) Kück, das alte Bauernleben in d. Lüneb. Heide, S. 185 - 205
29) Sprengell: Einiges aus d. Bardow. Rathsbuche in: Jahresberichte des Museumsvereins f. d. Fürstentum Lüneburg, S. 33 - 45
30) Frh. v. Hammerstein Loxten, Der Bardengau, S. 358 - 370

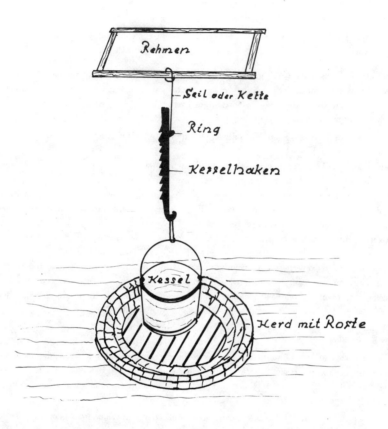

Der Kesselhaken

In den Häusern hatte es ursprünglich noch keine Schornsteine gegeben. Der Rauch war durch die Türen und Giebel-Löcher des Daches abgezogen. Auf diese Weise war auch das Fleisch geräuchert worden.

Als die Schornsteine aufgekommen waren, sind diese schornsteinlosen Häuser als Rauchhäuser (Rauchkaten) bezeichnet worden. Zur Beleuchtung waren Kienspan, später Tran- und Öllampen verwendet worden.[31]

Zur Lagerung der Ernte gehörte zum Hofe neben dem Gutshaus auch eine oder mehrere Scheunen. Der Boden der Scheune war mit Lehm versehen. Dieser war geknetet und fest geschlagen worden, so daß er einen glatten und festen Untergrund bildete. Wenn dieser ausgetrocknet war, ist er zur Tenne geworden, und darauf wurde das Getreide gedroschen. Das Dreschen geschah mit dem Flegel, dessen Schläger aus Weißbuche und der Holm aus Pappel oder Weide war. Beide waren durch einen Riemen aus Schweinsleder verbunden.[32]

In der Scheune waren in der Regel auch die Schweineställe.

Im Laufe der Zeit hatten sich die Bewohner der Höfe vermehrt, daß diese nicht mehr alle im Gutshause wohnten. Auch Fremde waren ins Dorf gekommen.
Für diese Menschen sind sogenannte Häuslingshäuser gebaut worden. In ihnen war in vielen Fällen auch ein Backofen eingebaut. In diesen Häusern wurde dann auch das Brot für die Höfe mitgebacken, so daß diese nach und nach keinen eigenen Backofen zum Backen des Brotes mehr hatten.
Diese Häuslingshäuser mit Backöfen hießen Backhäuser. Auch in Ochtmissen hat es solche gegeben.[33]

Neben den Häuslingshäusern sind gelegentlich auch kleinere Häuser für die Hirten – Hirtenkaten – gebaut worden, von denen es in Ochtmissen eine gegeben hatte.[34]

Der Landbesitz eines Hofes wurde nach Hufen bezeichnet, einem alten Feldmaß, dessen Größe etwa 30 bis 60 Morgen betragen hatte und das vermutlich je nach Bodengüte angewendet worden ist.[35]

Die 7 Höfe in Ochtmissen hatten alle ein Mehrfaches dieser Größe und gehörten in die Reihe der Vollhöfe. Diese blieben auch alle ungeteilt.

Die Ochtmissener Vollhöfe hatten sämtlich Hand- und Spanndienste, Bringefuhren, Jagdfolge und Einquartierung für Kriegstruppen und andere Soldaten zu leisten und trugen alle die Bezeichnung „Meierhof" bis zur Ablösung aus der Grundherrnschaft.[36]

Der Grundbesitz der Ochtmissener Vollhöfe war auf den ganzen Ortsbereich verteilt, so daß wahrscheinlich jeder Hof auch anteilig etwa gleiche Bodengüte hatte.[37]

---
31) Kück, das Bauernleben i.d. Lbg. Heide, S. 192
32) Gespräch mit Vollhöfner Hans-Otto Lehmbeck 1980
33) Kück, Bauernleben i.d.Lbg. Heide, S. 215 - 220; Nds. Hauptstaatsarchiv Hannover, Hann. 74, Winsen/Luhe, Nr. 16
34) Nds. Hauptstaatsarchiv Hannover, Hann. 74, Winsen/L., Nr. 16
35) Pröve, Dorf u. Gut im alten Hzgt. Lbg., S. 11
36) Sh. Ablösungsrezesse der Höfe zu Ochtmissen in Gesch. d. Höfe
37) Katasteramt Lüneburg, Grundbuch Ochtmissen 1903

In Ochtmissen gehörten die Höfe den Grundherren, die sie zu Lehen empfangen oder auch gekauft hatten. Ihnen gehörte der Grund und Boden der Höfe. [38]

Dem Bauern eines Hofes — auch Hauswirt oder Wirt genannt — gehörten Haus, Scheune und sonstige Gebäude des Hofes, die Innenausstattung mit allen Möbeln und Geräten sowie die Geräte für die Landwirtschaft und alles Vieh.

Mit Zustimmung des Grundherrn konnte der Hof auf die Nachkommen des Bauern vererbt werden, wobei die Söhne Vorrecht hatten.

Versagte ein Bauer in der Bewirtschaftung seines Hofes durch Mißwirtschaft, hohe Schulden und dergleichen, so konnte ihm der Grundherr aufkündigen und den Hof einem anderen Bauern verkaufen. Ersterer hatte dann Haus und Hof mit seiner Familie zu verlassen.

Der Bauer konnte einen Hof mit Zustimmung seines Grundherrn auch an einen anderen Bauern verkaufen. Mit dem Käufer hatte er sich dann lediglich über sein Eigentum zu einigen, durfte aber in keinem Falle Acker, Wiesen, Weiden, Wald und Heide oder Gewässer verkaufen. Grund und Boden durfte der Bauer als Eigentum des Grundherrn nicht antasten.

Das Unterstellungsverhältnis der Bauern unter die Grundherren hatte fortbestanden — wenn auch später in gemilderter Form — bis zur Ablösung von der Grundherrschaft im 19. Jahrhundert.[39]

Im bäuerlichen Betrieb arbeiteten Mann, Frau und Kinder. Die Bäuerin gebot über den inneren Bereich und das Kleinvieh. Der Bauer bestimmte über alles, was außerhalb des Hauses zu geschehen hatte. Neben der Familie waren weibliche Bedienstete, die Mägde, und männliche Gehilfen, die Knechte, im Dienst des Bauern, sie hießen Gesinde.

Die Kleinmagd wurde gewöhnlich im Haushalt und für leichtere Arbeiten beschäftigt, denn sie war oft erst Ostern aus der Schule entlassen. Beim Kleinknecht war es ähnlich, auch er war in der Regel ein „Osterjunge", der anfangs mit auf der Weide als Hirte und im Stall seine Arbeit versah. Großmagd und Großknecht waren tagsüber auf dem Feld und die Großmagd hatte im Kuhstall das Reden. Der Großknecht war gewöhnlich für die Pferde verantwortlich.

Das Dienstverhältnis dauerte in der Regel von Ostern bis Ostern.

Ihre Kleidungsstücke und Wäsche hatten Mägde und Knechte in der „Lade", einer truhenartigen Kiste mit verschließbarem Deckel. Die Lade enthielt den gesamten Besitz des Knechtes oder der Magd. Sie wurde vom Bauern bei Dienstantritt vom Elternhaus oder der letzten Dienststelle abgeholt.

Das Weiden des Viehes geschah in der „offenen" Zeit, d. h. zwischen Sonnenauf- und Untergang. Nachts blieb kein Vieh auf der Weide. Das Vieh der Bauern wurde vom Hirten auf die gemeinsame Weide getrieben. Mittags wurde das Vieh eingetrieben und kam am Nachmittag wieder hinaus. Die Kühe wurden im Stall gemolken.

Die durchgehende Weide der Rinder kam erst nach der Verkopplung der Höfe auf, als die Bauern ihre eigenen Weiden hatten.[40]

---

38) Geschichte der Höfe in Ochtmissen, Nr. 1 - 7
39) Frh. v. Hammerstein-Loxten, Der Bardengau, S. 533 - 535
40) E. Kück, Bauernleben in d. Lüneburg. Heide, S. 55 - 63

Die Bewirtschaftung der Höfe war im Rhythmus der Dreifelderwirtschaft durchgeführt worden. Das bedeutete ein Jahr Wintergetreide, im folgenden Jahr Sommergetreide und im dritten Jahr Brache, die auch für die Weide zum Teil benutzt wurde.

Die Größe der Felder war festgelegt und durfte nicht verändert werden. Bei der starken Weidewirtschaft, die einen beträchtlichen Teil des Landes beanspruchte, waren die Schläge für reines Ackerland zunächst weniger umfangreich gewesen. Das Weidevieh, Rinder, Pferde und Schafe, sind von den Hirten gehütet worden, die von den 7 Bauern des Dorfes gemeinsam entlohnt worden sind.

Für Weide und Hutung im Wald war auch das Land der Almente einbezogen; letzteres vor allem für die Schweine zur Eichel- und Eckernmast.

In Wald und Heide wurden auch Plaggen (flache Soden mit Mutterboden im Wurzelbereich) gehauen als Streu für das Stallvieh und zur Verbesserung magerer Ackerbodens.

Von der Ernte hatte jeder Hof der Geistlichkeit und hier dem Bischof zu Verden den Zehnten zu entrichten.[41]

Dieser Zehnte war gewöhnlich in den Getreidearten Roggen, Hafer und Gerste zu entrichten. Zur Unterbringung bis zur Abholung sind in den Dörfern Zehntscheunen gebaut worden. Auch in Ochtmissen hatte eine Zehntscheune gestanden. Diese hatte zu dem Gutshof des Klosters St. Michaelis (später Hellmannscher Hof) gehört und war später zur Hälfte zum Unterstellen von landwirtschaftlichen Geräten und Fahrzeugen und zur anderen Hälfte als Schweinestall benutzt worden. Sie hatte an der Ochtmisser Straße, Ecke Werner-Jansen-Weg gestanden. Im Jahre 1977 war sie abgebrannt.[42]

Für den Gutsherrn hatten die Ochtmisser Bauern, die alle auf Meierhöfen saßen, den Zins zu leisten, der später ebenfalls als Zehnter bezeichnet worden ist. Der Zins für den Grundherrn mußte vor dem Einbringen der eigenen Ernte in Getreide geleistet werden. Bei dieser Verpflichtung war es nicht selten geschehen, daß bei schlechtem Wetter die Ernte verregnet und auf den Halmen ausgewachsen war, bevor der Grundherr seinen Zehnt abgefordert hatte. Die Schäden mußten die Bauern ersatzlos hinnehmen.[43]

Für die Obrigkeit war der Schatz zu zahlen. Dieser war nach Größe der Höfe in Pflug (plog) berechnet worden und in Geld zu zahlen.[44]

Neben dem Schatz für die Feldfrüchte war solcher auch bei Holzeinschlag, Schlagen von Buschwerk, Halten von Bienenvölkern (Immenthunen) und anderen Sondereinnahmen zu zahlen.

Nach Einführung der Kartoffel war in Deutschland, so auch in Ochtmissen, nach und nach der Anbau von Kartoffeln und anderen Hackfrüchten, vor allem der Zuckerrüben, betrieben worden. Dadurch war auch die Dreifelderwirtschaft beendet. Anstelle der Brache waren die Felder mit Hackfrüchten bestellt worden. Der Anbau auf den Feldern war vielseitiger, die Bewirtschaftung intensiver geworden.

---

41) Frh. v. Hammerstein-Loxten, der Bardengau, S. 601
42) Gespräche mit Herrn Hans-Otto Lehmbeck, 1980 und Gespräche mit Herrn Ewald Fenske, Ochtmissen 1982
43) Th. u. O. Benecke, Lüneburger Heimatbuch, Bd. II, S. 306
44) Frh. v. Hammerstein-Loxten, der Bardengau, S. 602 - 604

Die Geschichte der Höfe zu Ochtmissen

Das Dorf Ochtmissen war einst durch die Gründung seiner Höfe entstanden. Sie bildeten das Dorf, bis nach Ende der Grundherrnschaft um die Mitte des 19. Jahrhunderts eine weitere Besiedlung des Ortes einsetzte. Der Ablauf des Geschehens in Ochtmissen war bis zu dieser Zeit fast ausschließlich die Geschichte seiner 7 Höfe, deren Eigner und deren Bewohner. Ihre Bedeutung für die Landwirtschaft und damit auch für Grund und Boden des Ortes haben die Höfe bis heute noch.

In der Bestätigungsurkunde des Kaisers Heinrich II. vom Jahre 1004 wurde Ochtmissen (Hotmannessun) nur als Ort ohne Angabe einzelner Höfe genannt, der zum Kloster Kemnade gehörte. In weiteren Berichten über das Kloster Kemnade ging es um dessen Bestand und seine Güter, in denen weder Ochtmissen noch einzelne Höfe aufgeführt wurden.

Erst aus der Zeit nach 1300 wurden hier Urkunden und Nachrichten bekannt, aus denen entnommen werden konnte, daß Ochtmissen nicht mehr zum Kloster Kemnade gehörte und zumindest der größte Teil der 7 Höfe des Dorfes in die Hand des Herzogs von Braunschweig und Lüneburg gekommen war, der sie zu Lehen vergab.

Unter den späteren Grundherren von Ochtmissen hatten die Herren von dem Berge den größten Anteil aller Höfe. Von den 7 Höfen des Dorfes waren zeitweilig 5 davon in einer Hand gewesen.

Über ihr Geschlecht und ihre Stellung im Herzogtum im Zusammenhang mit ihrem Besitz in Ochtmissen sei daher einiges berichtet.

Die Herren von dem Berge, die sich auch de monte nannten, sollen ursprünglich auf dem Schlosse des Kalkberges vor Lüneburg als Burgmannen des Herzogs tätig gewesen sein. Von dieser Burgmanns-Gerechtigkeit sollen sie ihren Namen abgeleitet haben.[45]

Das Geschlecht derer von dem Berge habe im Lüneburgischen schon im 11. Jahrhundert „geblühet".
Als sein eigentlicher Stammvater wird jedoch Leuthard von dem Berge genannt. Ihn hatte Herzog Heinrich der Löwe im Jahre 1190 als Oberst zum Kommandant von Lübeck ernannt und ihm die Stadt zu treuer Hand befohlen.
Sein Sohn Segeband war wegen seiner großen Verdienste im Herzogtum Lüneburg und in anderen Landen von Herzog Wilhelm von Braunschweig und Lüneburg (Sohn Heinrichs des Löwen) im Jahre 1205 mit dem Schenkamt – später erblich – „begnadigt" worden.
Treue und Tapferkeit hatten die Herren von dem Berge ausgezeichnet, die von den Herzögen von Braunschweig und Lüneburg neben dem Erbschenkamt auch noch mit dem Küchenmeister- und Kämmereramt betraut wurden.[46]

Zum Erbschenkamt derer von dem Berge gehörten in Ochtmissen 3 Höfe. Der erste Lehnbrief darüber ist hier nicht bekannt. Eine Urkunde vom Jahre 1330 gibt jedoch Auskunft, daß die Herren von dem Berge zu dieser Zeit in Ochtmissen Hofbesitz hatten, der zu ihrem Schenkamt gehörte.[47]

---

45) Manecke, Bd. I, S. 267 und Bd. II, S. 434
46) Pfeffinger, Bd. I, 358 - 363
47) Volger, Urk.-Buch d. Stadt Lüneburg, Bd. I, S. 197, Urk. 352

Die Geschichte der Höfe zu Ochtmissen

1330

Zum Schenkamt gehöriger Hof war verpfändet worden

Ein Hof zu Ochtmissen, der zum Schenkamt des Segeband von dem Berge gehörte, war an den Lüneburger Bürger Eylemann Beye verpfändet worden.

Die Herzöge Otto und Wilhelm von Braunschweig und Lüneburg hatten diesen Hof wieder eingelöst.

Die Eintragung im Urkundenbuch der Stadt Lüneburg lautete:

„352. Der Bürger Eylemann Beve erlaubt den Herzögen Otto und Wilhem die Einlösung eines verpfändeten Hofes in Ochtmissen. 1330, 11. Nov."

„Ik Eylemann Beve, borghere to Luneborch, bekenne unde bethuge in dhesseme breve openbare, dhat dhe edhelen vorsten herthoge Otto unde herthoge Wilhelm van Brunsw. und Luneborch und ere erven edher her Segheband de schenke unde sine erven moghen van me unde minen erven losen dhen hof to Ochtmissen, dhe dhes schenken wesen hadde, vor vif mark unde hundert Hamborger pennignhe, wan se willet. Hir up hebbe ik min inghesegel henght in dhessen bref, unde is gheschen na godes bort dhusent jar, drehunderd jar, in dheme dritteghesten jare to sunte Martinesdaghe to Luneborch." [48])

Text in Hochdeutsch:

„Ich, Eylemann Beve, Bürger zu Lüneburg, bekenne und bezeuge in diesem Briefe öffentlich, daß die edlen Fürsten Herzog Otto und Herzog Wilhelm von Braunschw. und Lüneburg und ihre Erben auch Herr Segeband der Schenken und seine Erben mögen von mir und meinen Erben den Hof zu Ochtmissen lösen, der dem Schenken gehört hatte, für fünf Mark und hundert Hamburger Pfennige, wann sie wollen. Hierauf habe ich mein Insiegel gehängt in diesen Brief, und es ist geschehen nach Gottes (Christi) Geburt tausend Jahr, dreihundert Jahr, in dem dreißigsten Jahre zum heiligen Martinstage zu Lüneburg."

Heute ist nicht feststellbar, um welchen der drei Höfe es sich handelte, die zum Schenkamt der Ritter von dem Berge gehörten. Ihre Zuordnung auf die späteren Besitzer ergab sich erst bei der Ablösung aus der Grundherrnschaft um 1844. Bis dahin war immer nur ihr gemeinsamer Grundherr bekannt.

Diese drei Höfe trugen um 1844 die Brandkassen-Katasternummern 1, 2 und 4, die zugleich in der Folgezeit, wie bei allen sieben Höfen zu Ochtmissen, ihre Hausnummern bis zum Jahre 1965 waren.

Bei Ausführungen über die Geschichte der Höfe zu Ochtmissen seien daher im folgenden ihre damaligen Hausnummern 1 bis 7 angeführt.

---

48) Volger, Urkundenbuch der Stadt Lüneburg, Bd. I, S. 197, Urk. 352

Geschichte der Höfe in Ochtmissen, Höfe 1, 2 und 4

Die ersten Lehnbriefe für das Schenkamt der Herren von dem Berge mit dem dazugehörigen Hofbesitz in Ochtmissen sind hier nicht bekannt. Die genannte Urkunde von 1330 – betreffend Eylemann Beve – läßt jedoch darauf schließen, daß die Herren von dem Berge schon vor dem Jahre 1330 Grundbesitz in Ochtmissen hatten, der zu ihrem Schenkamt gehörte. Erst durch einen späteren Lehnbrief wurde das bestätigt. Aufschluß gibt uns das Lüneburger Lehnregister der Herzöge Otto und Wilhelm und der Herzöge Bernhard und Wilhelm von Braunschweig und Lüneburg des 14. und 15. Jahrhunderts.

Daraus seien nachfolgend die Lehnbriefe wiedergegeben, die den zum Schenkamt in Ochtmissen gehörenden Besitz beinhalten:

> „Die hier nachstehend beschrieben stehen, die haben das Lehngut empfangen, das hiernach beschrieben ist, von dem edlen Fürsten, Herzog Wilhelm von Braunschweig und Lüneburg.

...

(Seite) LXXXII   (Nr) 520   (Jahr) 1360

Segeband von dem Berge der Schenke das Schenkamt,
3 Höfe zu Ochtmissen, die Lutmunde den Dritteil,"

... (es folgen 17 Höfe und 4 Koten in 11 Dörfern ...)[49]

In dem Lehnregister sind die Seitenzahlen in römischen und die Lehen-Nummern in arabischen Ziffern angegeben.

Über Segeband von dem Berge berichtet der Chronist, daß sich dieser in den Jahren 1367 und 1368 „mit angestammter Tapferkeit" hervorgetan habe und ihm der Herzog Wilhelm in Ansehung seines schon getragenen Erbschenkamtes im Jahre 1368 mit gewissen Gütern „gnädigst angesehen" habe.[50]

Die Herren von dem Berge hatten noch 2 weitere Höfe in Ochtmissen in ihrem Besitz, und zwar die Höfe 6 und 7. Ihr Werdegang wird bei diesen Höfen beschrieben. Die Lutmunde wird nach der Geschichte des Hofes Nr. 7 beschrieben.

---

49) Lüneb. Lehnreg. d. Hzg. Otto u. Wilh. u. d. Hzg. Berhard u. Wilh. v. Br. u. Lbg. v. Hodenberg, Celle 1862
50) Pfeffinger, Bd. I, S. 362

Die Geschichte der Höfe zu Ochtmissen

1368
Grundstückstausch auf Höfen des Schenkamtes

Segeband von dem Berge tauschte mit dem Stift Bardowick ein Grundstück in Ochtmissen ein zum Errichten einer Ziegelei. Der Vertrag (übersetzt) lautete:

„Ich, Segeband Schenke, geheißen von dem Berge, Sakewolde, und meine rechten Erben, Gevert, Hinrich von dem Berge, Mitgelober, bekennen öffentlich in diesem gegenwärtigen Briefe, daß wir dem Dekan und Kapitel zu Bardowick eine Wiese überlassen haben, die an dem Wege liegt, die man von Bardowick nach Ochtmissen geht, mit 4 Stücken Landes mitten quer obenhalb der Mitte, das oberste nächst der Wiese, ihnen zu behalten und zu besitzen zu St. Peters Bau ein Ziegelhaus darauf zu setzen oder sich zunutze zu machen nach ihrem Willen, für eine Wiese, die, wie der Dekan und das Kapitel zu Bardowick versprochen, uns und unseren rechten Erben an deren Stelle überläßt, daß sie uns beiden voll Ersatz gibt und genügt. Geschehe es jedoch, daß ihnen in den Jahren der Lehm ausginge, so sollen sie diesen in meinem Lande und in meinen Stücken suchen, die zu dem Gute gehören, das ich von dem Schenkamte in Ochtmissen habe, ohne jederlei Widerspruch der Bauern, die auf dem Gute besessen sind und das Gut bewirtschaften, allerdings mit dem Unterschiede, daß man mir das Land und die Stücke wieder ebne und schlichte.

Alle diese verschriebenen Stücke und Wesentlichkeiten geloben ich, Segeband Schenke, geheißen von dem Berge, Sakewolde, und meine rechten Erben Gevert, Hinrich von dem Berge, stets und fest zu halten, uns und unseren Erben keinerlei Recht und Anspruch in der Wiese und den vier halben Stücken zu behalten oder zu versuchen. Zur größeren Bezeugung dieser verschriebenen Dinge haben wir an diesen Brief unser Insiegel gehängt.

Nach Gottes (Christi) Geburt, tausend Jahr, dreihundert Jahr, in dem achtundsechzigsten Jahr in dem achten Tage zum Zwölften." [51]

Zum Datum vermerkt der Chronist, daß die sogenannten „Zwölften" am Jahresanfang und -ausgang stehen, so daß im vorliegenden Falle der Jahresanfang verstanden werden müßte, weil noch im gleichen Jahre zu St. Pauli Bekehrung die Zustimmung des Herzogs erfolgt sei.

Die Zustimmung des Herzogs zu obigem Vertrag hatte folgenden (übersetzten) Wortlaut:

„Von Gottes Gnaden, wir Herzog von Braunschweig und Lüneburg, bekennen öffentlich in diesem gegenwärtigen Briefe, daß Segeband von dem Berge, unser Schenke, eine Wiese mit vier Stücken Landes, die sie vor dem Dorfe zu Ochtmissen liegen haben, die zu unserem Schenkamte gehören, dem Dekan und dem Kapitel zu Bardowick überlassen haben, ein Ziegelhaus darauf zu errichten oder sich zunutze zu machen nach ihrem Willen, für eine andere Wiese, die, wie der Dekan und das Kapitel zu Bardowick versprochen, zu dem Schenke-Amte an deren Stelle wieder zu überlassen. Geschehe es jedoch, daß ihnen in den Jahren der Lehm ausginge, so sollen sie den Lehm suchen in dem Lande und in den Stücken, die zu unserm Schenk-Amte gehören dort zu Ochtmissen. Das ist geschehen mit unserer Zustimmung und mit unserem Willen, uns und unseren rechten Erben und unseren Nachkommen keinerlei Recht und Anspruch daran zu behalten. Zur größeren Bedeutung dieser Dinge haben wir unser Insiegel an diesen Brief gehängt. Nach Gottes Geburt 1368 zu Bekehrung Pauli." [52]

51) Chr. Schlöpken, S. 287; Pfeffinger, Bd. I, 362
52) Chr. Schlöpken, S. 287/288

Geschichte der Höfe 1, 2 und 4

Zu dem vorbezeichneten Grundstückstausche hatte auch der Bischof Heinrich zu Verden seinen Konsens gegeben. Er hatte „einige Gerechtigkeit" in Ochtmissen gehabt und wird aus diesem Grunde um seine Einwilligung ersucht worden sein.[53]

Die Herren von dem Berge starben aus, die Höfe bekamen neue Grundherrn

Mit dem „Hochfürstlich-Braunschweigisch-Lüneburgischen Landrath, Hauptmann auf Bleckede und Erbgeseß auf Garz und Lindhorst, Friedrich Schenck von dem Berge" war das Geschlecht bei dessen Tode am 10. Dezember 1623 ausgestorben.[54]

Das Schenckenamt war auf die Herren von Behr übertragen worden. Die drei Ochtmisser Höfe jedoch, die bisher zum Schenckenamt der Herren von dem Berge gehört hatten, waren auf die Besitzer des adligfreien Rittergutes Lindhorst übergegangen, das die Herren von Hodenberg aufgrund einer Lehensexpektanz erhalten hatten, nachdem das Geschlecht von dem Berge ausgestorben war.[55]

Auch in nachfolgender Zeit war mit dem Besitz von Lindhorst die Lehensträgerschaft über die Höfe 1, 2 und 4 zu Ochtmissen verbunden gewesen.

Aus der Hand derer von Hodenberg kamen diese Höfe an die Schencken von Winterstedt. Hier die Vorgeschichte:

Friedrich Johann Schenck von Winterstedt, geboren 1603, war aus Schwaben gekommen, wo sein Geschlecht beheimatet war. Er hatte unter dem Grafen Mansfeld in der Union und danach in der Republik Venedig gedient. Später hatte er sich nach Niedersachsen begeben und dem Lande „große Dienste geleistet". Im Jahre 1629 war er zum Hofmeister der fürstlichen Prinzen und 1633 zum Oberhauptmann zu Gifhorn ernannt worden. 1639 wurde er Geheimer Rat, 1640 Kammerpräsident und 1645 Statthalter zu Hannover und wurde mit dem Gute Lindhorst belehnt, als Auszeichnung für besondere staatsmännische Verdienste.

Mit dem Besitze von Lindhorst waren zugleich die Höfe 1, 2 und 4 an Friedrich Schenck von Winterstedt gekommen, der im Jahre 1634 die Tochter Sophia des Herrn Wilhelm von Hodenberg geheiratet hatte. Sie war Erbin des Rittergutes Schwachhausen (A.-B. Eicklingen) und des Gutes Holm (Amt Harburg).[56]

Friedrich Schenck von Winterstedt war im Jahre 1662 verstorben. Aus seinem Geschlecht folgten nach ihm auf Gut Lindhorst:

> Georg Wilhelm, Schenck von Winterstedt (1635 – 1695)
> Oberhauptmann zu Dannenberg und Hitzacker, von Kaiser Leopold I. in den Freiherrnstand erhoben;
> Georg Ludwig, Schenck von Winterstedt (1683 – 1721);
> Carl Ludwig, Schenck von Winterstedt (1715 – 1762);
> Christian Ludwig Friedrich, geb. 2. Dezember 1761, Herr auf Schwachhausen, Holm und Lindhorst, Ritterschafts-Deputierter und Schatzrat, am 5. März 1838 als letzter seines Stammes verstorben.[57]

---

53) Chr. Schlöpken, Chronik v. Bardowick, S. 288
54) J. F. Pfeffinger, Bd. I, S. 362/363
55) Manecke, Bd. II, S. 435, 454
56) J. F. Pfeffinger, Bd. III, S. 609 - 611: J. Gf. v. Oeynhausen, „Die Schenken von Winterstedt" in: Vierteljahrsschrift für Heraldik, Sphragistik und Genealogie, 4. Berlin 1876
57) J.Gf.v.Oeynhausen „Die Schenken von Winterstedt" in: Vierteljahrsschrift f. Heraldik, Sphragistik u. Genealogie, 4. Berlin 1876

Geschichte der Höfe Nr. 1, 2 und 4

Die Schenken von Winterstedt sind gelegentlich nur als „von Schenck" oder im Zusammenhang mit ihrem Amt als „von Schenck zu Dannenberg" bzw. mit ihrem Besitz als „von Schenck zu Lindhorst" benannt worden.

So schrieb Joh. Friedr. Pfeffinger in seiner „Historie" über Friedrich Schenck von Winterstedt: „ . . . erhielte Herr von Schenck von der gnädigsten Herrschaft das im Amt Harburg belegene freye Ritterguth Lindhorst". [58]

Im Lagerbuch des Amtes Winsen von 1681 wird Freiherr Georg Wilhelm Schenck von Winterstedt, der Oberhauptmann von Dannenberg und Herr auf Lindhorst war, als „von Schenck zu Dannenberg" aufgeführt. In diesem Lagerbuch sind auch die Bauern zu Ochtmissen angegeben, deren Grundherr er war, sowie deren Land, Abgaben und Dienstpflichten.

Nachstehend die Daten für die Höfe Nr. 1, 2 und 4:

„**Christoph Gribow**, Gutsherr von Schenck zu Dannenberg. Zehntherr das Kapitel zu Bardowick.

Land: 108 Himtsaat, 3 Fuder Heu, 3 Pferde, 20 Kopf Rindvieh, 9 Schweine, 100 Schafe, 6 Immen.

Abgabe: 11 Taler Dienstgeld dem Kapitel zu Bardowick, 1 Taler 3 Schilling Zins und 54 Himten Roggen dem Gutsherrn; dient der Herrschaft wöchentlich mit Pferd und Wagen 1 Tag.

Klement Kröger, Gutsherr von Schenk zu Dannenberg. Zehntherr das Kapitel zu Bardowick.

Land: 120 Himtsaat, 5 Fuder Heu, 3 Pferde, 16 Kopf Rindvieh, 5 Schweine, 50 Schafe, 1 Immen, 2 1/2 Fuder Heu versetzt.

Abgabe: 11 Taler Dienstgeld, 1 Taler 3 Schilling Zins, 72 Himten Roggen dem Gutsherrn; dient der Herrschaft wöchentlich 1 Tag mit Pferd und Wagen und 1 Tag mit der Hand.

Heinrich Carsten, Gutsherr von Schenk zu Dannenberg. Der Hof ist wüste, das Land ist versetzt." [59]

Diese drei Höfe sind hier gemeinsam aufgeführt worden, weil eine sichere Zuordnung auf die heutigen Besitzer der Höfe Hänel und Schäfer nicht gegeben ist. Aufschluß könnte deren Familien- und Höfe-Forschung geben.

In einem Bericht der Vogtei Bardowick vom Jahre 1694, in dem die drei zum Gute Lindhorst gehörenden Ochtmisser Höfe

Hans Meyrer, Hans Jürgen Garben und **Hans Knacke** aufgeführt sind, wurde als deren Grundherr „von Schencken zu der Lindhorst" angegeben, obwohl es sich um den gleichen Freiherrn Georg Wilhelm Schenk von Winterstedt gehandelt hatte, der Oberhauptmann von Dannenberg und Herr auf Lindhorst gewesen war. [60]

Die Schenken von Winterstedt hatten bis zu ihrem Aussterben am 5. März 1838 auch auf Gut Holm gesessen. Danach war letzteres wie auch das Gut Lindhorst mit den Ochtmisser Lehenshöfen 1, 2 und 4 der königlichen Lehnkammer Hannover heimgefallen. [61]

---

58) Pfeffinger, Bd. III, S. 611
59) Das Lagerbuch des Amtes Winsen von 1681 v. Rüther/Schulz-Egestorf
60) Nds. Hpt.-Staatsarchiv Hannover, Hann. 74, Winsen/L. Nr. 10
61) Gf. J. v. Oenhausen, die Schenken von Winterstedt; Stat. Handb. d. Königreichs Hann., Anhang, S. 23, v. Jansen, Hann.1824; Heimatb. d. Ldkr. Harburg, zwischen Elbe, Este u. Seeve, Bd. II, S. 195 ff

Die Geschichte des Hofes Nr. 1

Der Hof wurde im Jahre 1772 von dem Bauern Christian Harms bewirtschaftet, der als „Hauswirth in Ochtmissen" im Taufregister St. Nikolai zu Lüneburg bei Eintragung der Geburt seines Sohnes Johann Jacob am 30.12.1772 genannt wurde.[62]

Der Begriff Hauswirt oder auch Wirt wurde vor der Ablösung von der Grundherrnschaft für die Bauern gebraucht, die den Hof bewirtschafteten.

Johann Jacob Harms wurde im Jahre 1816 als Vollhöfner genannt, woraus zu schließen war, daß er den Hof bereits vom Vater übernommen hatte. Sein Name wurde genannt im Zusammenhang mit dem Brand seiner Scheune, die in der Nacht vom 24. zum 25. Mai 1816 abgebrannt war.[63]

Nach dem Bericht der Dragoner Imelmann und Harm, die in jener Nacht auf Patrouille von Winsen kamen, habe es weitgehend an Löschmitteln gefehlt. Es seien weder Spritze noch Feuerhaken vorhanden gewesen. Besitzer und Dorfbewohner hätten das Hauptgebäude mit Wasser aus Eimern begossen und mit nassen Tüchern belegt, es blieb verschont. Auch aus Bardowick seien Bewohner gekommen, aber ohne Spritze, weil diese nicht brauchbar gewesen sein sollte.

Das Feuer selbst habe man mit Sand und Erde zu löschen versucht. Die Scheune sei niedergebrannt. In ihr sei zu dieser Zeit nur wenig Stroh und Heu gewesen.

Die Brandursache sei weder von Johann Jacob Harms noch vom Bauermeister Meyer festzustellen gewesen. Auch der beim Brand anwesende Bauermeister Peter Benecke aus Vögelsen hätte keine Ursache für den Brand sagen können. Durch Rauchen könnte der Brand nicht entstanden sein, weil Johann Jacob Harms Nichtraucher sei.[64]

Johann Jacob Harms, der mit Dorothea Elisabeth geb. Hulsen verheiratet war, hatte zwei Söhne, und zwar

    Johann Nikolaus, den späteren Vollhöfner, geb. 1811 und
    Johann Christian, der unverheiratet blieb, geb. 1812.[65]

---

62) Taufregister d. St. Nikolaikirche Lbg. v. 1772
63) Arch. d. Ldkr. Lüneburg, Akte Ochtmissen, Fach 453.17
64) Arch. d. Ldkr. Lüneburg, Akte Ochtmissen, Fach 453.17
65) Hofakte Ewald Schäfer

Geschichte des Hofes Nr. 1

Die Ablösung des Hofes von der Grundherrnschaft erfolgte im Jahre 1844. Der Vertrag lautete:

Ablösungsrezeß

für den Vollmeier Jacob Harms zu Ochtmissen

Kund und zu wissen sei hiermit, daß zwischen dem Vollmeier Jacob Harms zu Ochtmissen, Provocanten einerseits und der Königlichen Lehn-Cammer zu Hannover von wegen des heimgefallenen Guts Lindhorst, Provocatin andererseits, folgender Ablösungsvertrag abgeschlossen ist.

§ 1

Gegenstand der Ablösung ist der Meierverband, in welchem die sub No 1 des Brandcassen-Catasters zu Ochtmissen gelegene Stelle des Provocanten zu dem Gute Lindhorst steht und vermöge dessen von jenem Hofe an dieses Gut

Ostern an Dienstgeld	5 Rthl 4 ggr 6 &	) mithin jährlich
Michaelis an Dienst und Lagergeld		) 11 Rthl 23 ggr
für ein Rauchhuhn	6 Rthl 18 ggr 6 &	) gangbare Münze

zu zahlen, Martini 45 Himten Rocken zu Liefern und bei Veränderungen des Wirts an Weinkauf 10 Rthl 21 ggr Kassen-Münze zu entrichten sind.

§ 2

Diese Prästationen, wie das Heimfallsrecht werden mittelst Capital-Zahlung abgelöst

§ 3

Dasselbe beträgt

1.	für die ständigen Gefälle	354 Rthl 16 ggr 1 3/24 &
2.	für die Heuernte bei einem Preise von 18 ggr 5 & für den Himten Rocken und nach Absatz von 3 % in Gemäßheit des § 18 der Ablösungsordnung	837 Rthl 9 ggr 2 6/24 &
3.	für den Weinkauf bei Annahme von 4 Fällen im Jahrhundert gangbare Münze	12 Rthl 13 ggr 9 9/24 &
	Latus	1 195 Rthl 15 ggr 18/24 &

Transport	1 195 Rthl 15 ggr	18/24 &
4. für das Heimfallsrecht bei einem Reinertrage der Stelle des Provocanten von 102 Rthl 18 ggr 7 & nach § 50, Absatz 2 der Ablösungsordnung	25 Rthl 16 ggr 7	18/24 &
in Summa	1 221 Rthl 7 ggr 8	1/2 &

geschrieben =
Zwölfhundert Ein und Zwanzig Thaler Sieben ggr Acht einhalben Pf = gangbare Münze.

§ 4

Die Zahlung des Capitals mit 4 % Zinsen erfolgt sechs Monate nach Bestätigung des Recesses und wird dem Amte Harburg geleistet.

§ 5

Die Zinsberechnung beginnt, wenn das Capital für die ständigen Gefälle anlangt, mit dem Termine, wo solche zum letzten Male gezahlt und resp. geliefert werden, in Betreff des Capitals für das Heimfallsrecht und den Weinkauf aber vom 1. Januar 1844.

§ 6

Bis zu beschaffter Zahlung des Capitals bleiben dem Gute Lindhorst seine Rechte vorbehalten und ruht bis dahin das Ablösungs-Capital als eine untrennbare Reallast auf des Provocanten Hofe.

§ 7

Sobald aber die Zahlung geleistet, entsagt die Königliche Lehn-Cammer für immer den im § 1 erwähnten Berechtigungen, wie dem Heimfallsrechte.

§ 8

Provocant trägt die Kosten des Ablösungsverfahrens und verzichtet auf die Befugnis, eine Edictal-Ladung derjenigen zu beantragen, welche in Beziehung auf das abgelöste Meierverhältnis berechtigt zu sein vermeinen.

§ 9

Beide Theile entsagen allen Einreden gegen diesen Recess, namentlich der Einrede der Verletzung über die Hälfte und daß ein allgemeiner Verzicht auf Einreden ungültig sei.

Urkundlich dessen ist dieser Receß in vierfacher Ausfertigung vollzogen und soll derselbe der Ablösungs-Commission des Districts Winsen an der Luhe vorgelegt werden.

So geschehen Hannover, den 27. April 1844.

Namens Königlicher Lehn-Cammer

Unterschrift
(Starcke)
Regierungsrat.[66]

[66] Hofakte Schäfer, Ochtmissen

1859
Geschichte des Hofes Nr. 1
Im Gutshofe Harms hatte Brennhaus gestanden

Ein Kaufvertrag vom 29. Juni 1859 zwischen dem Vollhöfner Nikolaus Harms und dem aus Ochtmissen stammenden Bauernsohn Heinrich Hermann Garben über ein Areal von 80 Quadratruten = 2000 Quadratmeter Land und etwas Garten gibt Kunde, daß auf diesem Areal ein altes Brennhaus gestanden hatte.

Dieses Grundstück mit dem alten Brennhause lag zwischen dem Gutshaus Harms und dem des Vollhöfners Meyer an der „Chaussee" nach der Papenburg (heute Bernsteinstraße).

Über den Zeitraum des Brennereibetriebes in diesem Haus liegen hier keine Hinweise vor. Das Land war zum Errichten einer Abbaustelle erworben worden.[67]

---

67) Archiv Landkr. Lbg., Akte Ochtm., Fach 222.12

Geschichte des Hofes Nr. 1
1864
Catharina Maria Harms kaufte ihren Sohn vom Militärdienst frei

Der am 03.04.1843 geborene Johann Heinrich Wilhelm Harms, einziger Sohn und Anerbe des Hofes, sollte seinen Militärdienst ableisten. Er war mit der Los-Nummer 398 aufgerufen und mußte mit baldiger Einberufung rechnen.
Sein Vater war verstorben, und die Bestellung des Hofes erschien der Mutter ohne den Sohn gefährdet. Sie nutzte die Gelegenheit, ihren Sohn vom Militärdienst durch einen Ersatzmann freizukaufen, was zur damaligen Zeit möglich war.
Ein diesbezüglicher Vertrag wurde abgeschlossen.

Die Bäuerin Catharina Harms beauftragte den „Commissionär" Ernst Sabiel in Hannover, für ihren militärpflichtigen Sohn einen Stellvertreter zu kaufen und einzustellen und die dazu nötigen Verträge abzuschließen. Sie mußte versprechen, alle dafür entstehenden Kosten zu tragen, selbst bei Verpfändung ihres Vermögens.

Der „Commissionär" Sabiel seinerseits hatte die ihm erteilte Befugnis auf den Commissionär Heinrich Könecke aus Westerweyhe / Amt Oldenstadt übertragen.
Dieser Auftrag ist vom königlichen Amtsgericht Lüneburg beglaubigt worden.
Danach ist ein „Militär-Stellvertretungs-Contract" zwischen 1.) Commissionär Könecke aus Westerweyhe in Vertretung des Commissionärs Sabiel aus Hannover in Vollmacht der Witwe Harms aus Ochtmissen für ihren militärpflichtigen Sohn Johann Heinrich Wilhelm Harms aus Ochtmissen, Amts Lüneburg, vom Geburtenjahrgange 1834, Losnummer 398 und 2.) dem Schneidergesellen Christian Friedrich Jeep aus Drausfeld vom Geburtenjahrgange 1842 der Militär-Stellvertretungs-Contract verabredet und abgeschlossen worden.

Danach übernahm der Schneider Jeep für den Dienstpflichtigen Harms den Militärdienst mit allen Pflichten im Frieden und im Kriege.

Die Mutter des Vertretenen verpflichtete sich, für den Vertreter Jeep die Summe von 270 Thalern zu zahlen. Davon sollte Jeep bei Einstellung 30 Thaler, nach dreimonatiger Dienstzeit 40 Thaler, den Rest von 200 Thalern nach abgelaufener Dienstzeit ausbezahlt erhalten, die bis dahin zu 4 % Zinsen im Vermögen der Mutter bleiben sollten.
Falls der Vertreter länger dienen müsse ohne sein Verschulden, sollte er für jedes Jahr 40 Thaler erhalten. Auch sonstige kleine Änderungen wurden festgelegt für den Fall, daß der Vertreter zum Einstellungstage nicht aufgerufen oder vorzeitig entlassen wurde.
Bei eigener Dienstpflicht des noch im dienstpflichtigen Alter stehenden Vertreters, sollte er einen anderen Vertreter stellen.
Die Kosten des Vertrages hatte die Mutter zu tragen.

Die Urkunde wurde dreifach ausgefertigt und beglaubigt vom Königlichen Garnisongerichte zu Lüneburg am 20. April 1864 und dem königlichen Amtsgericht zu Lüneburg am 23. April 1864.[68]

---

68) Mit freundlicher Genehmigung aus der Hofakte Ewald Schäfer, zu Ochtmissen.

Geschichte des Hofes Nr. 1

1879

Junggeselle Christian Harms regelt Abfindung

Johann Christian Harms wurde am 12.11.1812 als zweiter Sohn des Vollhöfners Johann Jacob Harms geboren. Er hatte seitdem auf dem Hofe seiner Eltern gelebt und war ledig geblieben. Sein Vater war inzwischen verstorben. Bei seinem Neffen Johann Heinrich Wilhelm lebte er weiterhin auf dem väterlichen Hofe.

Im Alter von 66 Jahren wollte er seine spätere Versorgung regeln. Der Vertrag wurde zwischen ihm und seinem Neffen J. H. Wilhelm Harms geschlossen.

Dieser sah vor, daß Christian Harms, der sich nicht mehr verheiraten wollte, anstelle zustehender Abfindungsforderung ein Altenteil verschrieben und zugesichert erhielt, welches als Reallast auf den Vollhof gelegt wurde.

Danach gewährten Wilhelm Harms und seine Erben dem Onkel Christian Harms auf Lebenszeit freie Wohnung, freie Beköstigung am Tische der jungen Leute, wie auch freien Arzt und freie Medizin sowie Pflege bei Krankheit; ferner alltägliche Kleidung nach Bedürfnis und ein jährliches Taschengeld von 20 Talern in vierteljährlichen Raten, die als verjährt gelten sollten, sofern diese von Jahr zu Jahr vom Altenteiler nicht abgerufen würden.

Für die Gewährung dieser Leistungen verzichtete Junggeselle Christian Harms auf die ihm aus der Harmsschen Hofstelle verschriebene Abfindung gänzlich und alle ihm daraus zustehenden Ansprüche.

Der Vertrag war vor dem Amtsgericht zu Lüneburg am 6. April 1879 geschlossen und von beiden Vertragspartnern unterzeichnet worden. (Die Stempelgebühr betrug 1 1/2 Mark.)

1903

In der Zeit von 1893 bis 1903 war in Ochtmissen die Flurbegradigung der Felder, Wiesen, Weide und Heide (Verkopplung) durchgeführt worden, in die auch der Wald einbezogen worden war. Um diese Zeit bestellte Johann Heinrich Wilhelm Harms den Hof, der nach der Verkopplung eine Gesamtgröße von 73 ha, 95 ar und 56 qm hatte.

Die Flurstück-Anteile des Hofes lagen und liegen noch heute in den Flurstücken: Am Weißen Berge, Auf der Marsch, Der Dümpel, Die langen Ackerstücke, Im Dorfe, Im Sahl, Im Sande, Lerchenberg, Lüttmerfeld und Wiesenhof.[69]

J. H. Wilhelm Harms war seit 1874 mit Maria Dorothea geb. Dittmer verheiratet. Aus dieser Ehe war die Tochter Anna Maria Harms hervorgegangen. Sie war das einzige Kind und Erbin des Hofes.

Durch Heirat der Wilhelmine Harms mit Conrad Schäfer war nach dem späteren Ableben der Wilhelmine geb. Harms der Hof auf die Nachkommen des Conrad Schäfer vererbt worden. Aus dem Harmsschen Hofe war der Schäfersche Hof geworden.[70]

---

69) Kat.-Lüneburg, Grundbuch Ochtmissen
70) Hofakte Ewald Schäfer

Geschichte des Hofes Nr. 1

1911

Nach dem Ableben von Wilhelm Harms bestellte dessen Schwiegersohn Conrad Schäfer den Hof. Conrad wurde im Jahre 1911 zum Ortsvorsteher der Gemeinde Ochtmissen gewählt. Als Entschädigung dafür erhielt er jährlich 200 Mark, die jedoch nicht auf die Steuer angerechnet werden sollten. Er hat dieses Amt bis 1920 ausgeübt. Während dieser Zeit soll auch im Gutshause Schäfer eine Poststelle eingerichtet gewesen sein.[71]

Nach Conrad Schäfer übernahm dessen Sohn Ewald den Hof im Jahre 1951. Ewald Schäfer war mit Olga geb. Müller verheiratet. Infolge jahrelanger Krankheit konnte Ewald den Hof nicht selbst bestellen und sein am 11.Mai 1941 geborener Sohn und späterer Erbe Ewald war noch im Kindesalter.

Während dieser Zeit hat der Vollhöfner und Gastwirt in Ochtmissen, Hans Otto Lehmbeck, den Schäferschen Hof im Pachtverhältnis bestellt, bis Ewald jun. den Hof übernehmen konnte.

1959

Ewald Schäfer verstarb im Jahre 1959. Kurz danach übernahm Ewald Schäfer jun., der beim Tode seines Vaters noch in bäuerlicher Lehre war, den väterlichen Hof.

1982

Ewald Schäfer ist seit 28.04.1968 mit Waltraud geb. Pusback verheiratet und bestellt den Hof.

Von seinen Vorfahren auf dem Hofe Nr. 1 seien in ununterbrochener Folge einschließlich des gegenwärtigen Besitzers genannt:

	1772 und früher	Christian	Harms
	1811	Johann Jacob	Harms
	1843	Johann Nikolaus	Harms
	1876	Johann Heinrich Wilhelm	Harms
	1905	Conrad	Schäfer
	1951	Ewald	Schäfer
seit	1959	Ewald	Schäfer [72]

---

71) Archiv d. Ldkr. Lüneburg, Akte Ochtm., Fach 709.6
72) Taufreg. d. Nikolaikirche Lüneburg
    Hofakte Ewald Schäfer

Geschichte des Hofes Nr. 2

Der Hof Nr. 2 hatte mit dem vorbeschriebenen Hofe Nr. 1 seit 1360 unter dem gleichen Grundherrn gestanden. Er hatte daher auch dieselbe Vorgeschichte bis zur Ablösung aus der Grundherrnschaft im Jahre 1844.

Der Vertrag lautete:

Ablösungsrezeß

zwischen dem Königlichen Ministerie der Lehnsachen zu Hannover wegen des heimgefallenen von Schenckschen Lehngutes Lindhorst Provokaten, und
dem Höfner Martin Christoph Heinrich Meyer zu Ochtmissen, Provokanten, wegen Ablösung des Meierverbandes mittelst Kapitalzahlung von 1505 Reichstalern (Rthl), 5 Gutegroschen (ggr) 3 &.

Kund und zu wissen, daß zwischen dem Bevollmächtigten des Königlichen Ministerie der Lehnsachen zu Hannover, Herrn Amts-Assessor Rippentrop zu Harburg, in Vertretung des heimgefallenen Lehngutes Lindhorst, als Berechtigten und dem Höfner Martin Christoph Heinrich Meyer zu Ochtmissen, als Verpflichteten, wegen Ablösung des Meierverbandes, folgender Rezeß wohlbedächtig und unwiderruflich verabredet und abgeschlossen worden ist.

§ 1

Der Hof des Martin Christoph Heinrich Meyer ist von dem vormals von Schenckschen, jetzt heimgefallenen königlichen Lehngute Lindhorst meierpflichtig, und muß der Meier folgende Praestanda an die Gutsherrschaft abtragen:

I. feste Geldgefälle
a) jährlich auf Ostern:

1.	Dienstgeld	1 Rthl	21 ggr	–	&
2.	für sog. lange Reisen	2 Rthl	1 ggr	6	&
3.	für den Garlstorfer Holzfuhrdienst	– Rthl	18 ggr	–	&
4.	für neue Übertage	– Rthl	12 ggr	–	&
	Summa alte Cassenmünze	5 Rthl	4 ggr	6	&

b) jährlich auf Michaelis:

1.	Dienstgeld	1 Rthl	21 ggr	–	&
2.	für lange Reisen	2 Rthl	1 ggr	6	&
3.	für neue Übertage	– Rthl	12 ggr	–	&
4.	an Zins	1 Rthl	6 ggr	–	&
5.	Lagergeld	1 Rthl	8 ggr	–	&
6.	für 2 Rauchhühner	– Rthl	8 ggr	–	&
	Summa alte Cassenmünze	7 Rthl	– ggr	6	&

c) jährlich auf Martini:
   Zinshocken 60 Himten

II. Ungewisse Gefälle des Wirtes den Weinkauf im Betrage von Cassenmünze 11 Rthl 3 ggr – &
oder 12 Rthl 16 ggr 10 & Courent.
Auch ist der Hof dem gutsherrlichen Heimfallsrecht unterworfen.

§ 2

Alle diese Lasten und Pflichten, samt dem Meierverbande, sollen durch Kapitalzahlung für immer und gänzlich abgelöst werden und verspricht der Pflichtige für sich und seine Erben und Nachkommen, dafür 6 Monate nach Bestätigung dieses Rezesses an den Herrn Bevollmächtigten des Königlichen Ministerie der Lehnssachen an Kapital bar und in einer Summe auf seine Gefahr und Kosten zu zahlen:

a)	für die Ostergefälle	5 Rthl 22 ggr 2 & =	148 Rthl 2 ggr 2 &
b)	für die Michaelisgefälle	8 Rthl – ggr 5 & =	200 Rthl 10 ggr 5 &
c)	für 60 Himten Zinsrocken	18 Rthl – ggr 5 & =	
	nach Abzug von 3 %	44 Rthl 16 ggr	= 1 116 Rthl 16 ggr – &
d)	für den Weinkauf, 4 Fälle auf das Jahrhundert berechnet		12 Rthl 16 ggr 10 &
e)	für den Heimfall 1 % des zu 109 Rthl 6 ggr 10 & berechneten Reinertrages		27 Rthl 7 ggr 10 &
	Summa Cassenmünze		1 505 Rthl 5 ggr 3 &

geschrieben:
– Eintausendfünfhundertund fünf Thaler, fünf Gutegroschen und drei Pfennige – in groben effectiven Curent nach dem 14Thaler-Fuße auch neben diesem Capitale die laufenden Gefälle bis zum Tage der Capitalzahlung zu entrichten, und resp. die dafür stipulierten Capitalquoten vom letzten Fälligkeitstermine an, die Capitale für den Weinkauf aber und für das Heimfallsrecht vom 12. April 1843 an mit 4 % zu verzinsen.

§ 3

Gegen die vollständige Leistung der mit § 2 stipulirten Zahlungen verzichtet Königliches Ministerium der Lehnssachen sowohl rücksichtlich der Allergnädigsten Lehnsherrschaft als rücksichtlich des Gutes Lindhorst und dessen künftigen Besitzers für immer und unwiderruflich auf die sämtlichen abgelösten Leistungen und auf das Meierverhältnis mit welchem der Pflichtige bisher dem Gute Lindhorst verwandt gewesen. Bis zur völligen Abtragung des Capitals aber und der Zinsen und laufenden Gefälle bleiben die gutsherrlichen Rechte unverändert fortbestehen.

§ 4

Vom Tage der vollständigen Auszahlung des Capitals und der laufenden Gefälle und Zinsen an tritt der Hof des Martin Christoph Heinrich Meyer in die Reihe der durch Ablösung freigewordenen Höfe ein und bleibt dessen Eigentümer nur denjenigen Beschränkungen der Dispositionsbefugnis unterworfen, die durch die Gesetze vorgeschrieben sind oder noch angeordnet werden.

§ 5

Die Kosten der Ablösung trägt nach Maßgabe des Gesetzes der bisherige Pflichtige.

§ 6

Beide Teile verzichten auf alle ihnen gegen diese Ablösung zustehende Einreden und Ausflüchte, sie mögen Namen haben, wie sie wollen, namentlich aber der Einrede, daß etwas anderes niedergeschrieben, als verabredet, und daß ein allgemeiner Verzicht nicht gelte, wenn nicht ein besonderer vorausgegangen.
Urkundlich dessen ist dieser Rezeß in drei Originalen von denen zwei für das Königliche Ministerium der Lehnssachen und das dritte für den bisherigen Pflichtigen bestimmt, ausgefertigt und von der Ablösungskommission zu Winsen/L. bestätigt worden.
Winsen, den 16. Juli 1844. – Unterschriften Rippentrop/M. C. H. Meyer – [73]

---

73) Archiv Ldkr. Lüneburg, Akte Ochtmissen, Fach 290.18

Geschichte des Hofes Nr. 2

1847

Drei Jahre nach der Ablösung aus der Grundherrnschaft verkaufte Martin Christoph Heinrich Meyer am 18. Juni 1847 an den Chausseewärter Joachim Heinrich Bätje ein Grundstück in Größe von 3 Morgen zum Errichten einer Abbaustelle, deren Genehmigung die Königlich Hannoversche Landdrostei vom 1. Juli 1850 an gegeben hatte.[74]

Nach weiteren 4 Jahren schloß Martin Christoph Heinrich Meyer mit dem Kaufmann Friedrich Christoph Koellmann zu Lüneburg einen Vertrag über die Errichtung einer Ziegelei auf den Grundstücken des Vollhofes Meyer.

Der Vertrag wurde am 05.12.1851 abgeschlossen.[75]

1859

Im Jahre 1859 verkaufte Martin Christoph Heinrich Meyer seinen Vollhof an den Vollhöfner Wilhelm Hellmann zu Ochtmissen. W. Hellmann hatte diesen Hof für seinen einzigen, bereits erwachsenen Sohn erworben.[76]

Damit endete die Geschichte des Hofes Nr. 2 in Ochtmissen. Der „Meyersche Hof" war in den Hof Hellmanns eingegangen, der beide Höfe fortan als Doppelvollhof betrieb. Ochtmissen hatte seit 1859 nur noch 6 Höfe.

---

74) Archiv Ldkr. Lüneburg, Akte Ochtmissen, Fach 222.10
75) Archiv Ldkr. Lüneburg, Akte Ochtmissen, Fach 173.30
   W. Reinecke, Geschichte der Stadt Lüneburg, II, S. 485
76) Archiv Ldkr. Lüneburg, Akte Ochtmissen, Fach 156.21

Geschichte des Hofes Nr. 3
1327

Der Hof war um 1300 in der Hand des Ritters Otto von Schwerin gewesen. Er hat ihn laut einer Urkunde vom 16. November 1327 an das Stift St. Nikolai in Bardowick verkauft.
Das war nach hier bekannten Unterlagen der erste Vertrag über den Verkauf eines Hofes in Ochtmissen, und in dem zugleich der Name Ochtmissen zum ersten Male urkundlich genannt wurde.
Die Urkunde hat folgenden Wortlaut:

*„Im Namen des Herrn Amen. Wir, Ritter Otto genannt von Schwerin zusammen mit meinem Sohne Hinrik, erklären durch die vorliegende Urkunde in aller Öffentlichkeit, daß wir mit einhelligem Willen und Zustimmung aller unserer gesetzmäßigen Erben in Form eines rechtmäßigen Verkaufes und aufgrund genauer Kenntnis dem Hinrik van der Molen, Bürger in Lüneburg, dem Provisor der Siechen zu Sankt Nikolai in Bardowick (Bardewich), den Hof in Ochtmissen, den Andreas bewohnt, zu Nutzen der genannten Siechen zu ewigem Recht verkauft haben, und zwar einerseits den Hof, Haus, Wort, Vogtei, großen und kleinen Zehnt, den Zins mit allen jeweiligen Einkünften, unständige Abgaben, Dienstleistungen, Gerechtigkeit an Weiden, Wiesen, Gehölzen, Wäldern, bebauten und unbebauten Äckern, natürlichen und künstlichen Gewässern (Wasserläufen) und alle Rechte, die unsere Vorfahren vorher besessen haben und wir bis zu diesem Tage besitzen, andererseits auch alles Zubehör, damit sie den Hof zu Recht für alle Zeit besitzen, und zwar dergestalt, daß wir oder unsere Nachfolger uns nichts von dem Recht, auf dem genannten Hof jemanden einzusetzen oder abzusetzen, zurückbehalten werden, sondern er den genannten Siechen eigen sein wird und sie für alle Zeit die Freiheit haben werden, ihn als Lehen auszutun oder zu verkaufen, was auch immer den Siechen oder ihrem Provisor Hinrik van der Molen nach ihrem Gutdünken nützen wird. Wir werden auch gut stehen für eine sichere Gewähr, die geleistet wird und geleistet werden muß aus den Eigengütern entsprechend bewährter Gewohnheit. Wir fügen noch hinzu, daß wir, wenn die erwähnten Siechen oder ihr Provisor, der oft erwähnte Hinrik van der Molen, irgend einen Schaden (Beeinträchtigung) auf (an) dem Hof oder den Gütern des Hofes erleiden wird und wir oder unsere unten aufgeführten Mitgelober über die Ratmannen der Stadt Lüneburg deswegen in Anspruch genommen werden, daß wir innerhalb des folgenden Monats allen Belästigungen und allem Streit abhelfen werden ohne jeglichen Zweifel. Und damit die vorerwähnte Abmachung insgesamt und in jedem einzelnen Punkt in Kraft und unverletzt bleibt, haben wir über dies zusammen mit unseren Mitgelobern einen heiligen Eid geleistet, und zwar mit den Herren Dietrich und Detlev genannt von Schwerin, unseren Oheimen, und Hermann von Medingen. Den wohllöblichen Herren vom Rat zu Lüneburg Herrn Gerbert Sotmeister, Herrn Albert van der Molen, Herrn Hermann Hot, Herrn Johannes Om und dem vorerwähnten Herrn Hinrik van der Molen haben wir aber unter einem heiligen Eid versprochen, daß wir alles insgesamt und in jedem einzelnen Punkt unverbrüchlich beachten werden. Zum deutlichen Zeichen dessen haben wir unsere Siegel an dieses Schriftstück (Urkunde) hängen lassen.
Gegeben im Jahre des Herrn 1327, den 16. November."* 77)

(Fünf Siegel der von Schwerin)

---

77) W. F. Volger, Urk. Buch d. Stadt Lüneburg, Bd. 1 Nr. 337, 337 a; Vorst. Urk. wurde freundlicherweise von Herrn Stud.Dir. i. R. Gerhard Meyer, Bardowick, von Latein in Deutsch übersetzt.

Geschichte des Hofes Nr. 3

1348

Etwa 20 Jahre nach dem Verkauf des Hofes in Ochtmissen durch seinen Vater Otto von Schwerin verzichtete auch der Knappe Heinrich von Schwerin auf diesen Hof.
In der Urkunde vom 5. Juni 1348 hat er diesen Verzicht wie folgt bestätigt:

„Ich Hinrik von Schwerin, Knappe, Sohn des Herrn Otto von Schwerin, eines verstorbenen Ritters — Ehre seinem Andenken —, gebe allen denen zu wissen, die diesen Brief (Schriftstück) sehen (lesen) oder hören, daß ich Anspruch erhoben hatte auf den Hof in Ochtmissen, den mein vorerwähnter Vater, Herr Otto den Siechen zu St. Nikolai zu Bardowick (Bardewich) und ihrem Provisor (Vorsteher) Hinrik van der Molen und dem ganzen Rat zu Lüneburg verkauft hat. Darüber habe ich mich mit meinen Freunden besprochen und genehmige den (Ver)kauf des Hofes, den mein Vater getätigt hat, und lasse von jedem Anspruch ab dergestalt, daß weder ich noch meine Erben noch meine Nachkömmlinge noch irgendjemand in unserem Auftrage (Namen) an dem Hof irgendein Recht weiterhin haben soll. Der Hof ist meinem Vater auch richtig in baren Pfennigen bezahlt worden. Ferner: daß mein Vater ihm den (Vertrag) Brief über diesen Hof besiegelt hat, ist geschehen mit meiner Kenntnis und Genehmigung und dem Zeugnis meines Siegels. Für diesen Hof werde ich ein rechtmäßiger Bürge (Gewährsmann) sein. Und für den Fall, daß die Siechen behindert werden und Schaden nehmen (Nachteile erleiden) an dem Hof von Seiten meiner Erben, so werde ich binnen der nächsten vier Wochen sie von dem Anspruch frei machen unter Wahrung des Rechtes, so daß sie ohne Schaden (Beeinträchtigung) auf dem Hof bleiben. Weiter: Den Brief, den mein Vater dem vorerwähnten Hinrik van der Molen und den Siechen gegeben hat, den bestätige ich, und er ist gegeben mit meiner Zustimmung, an die ich mich ihm gegenüber festhalten will. Diese Stücke (Abmachungen) gelobe ich dem Hinrik van der Molen und den Siechen zu ihrer Hand Segeband von dem Berge, Sohn des verstorbenen Herrn Segeband genannt von dem Berge, eines Ritters, und Herrn Burchard von Lüchow und Herrn Hasseke, Ratmannen zu Lüneburg, in Treue ganz und fest zu halten. Zeugen dieser Verhandlung sind Herr Johann von Reden, ein Geistlicher des Benediktinerordens, Segeband von dem Berge, Herr Burchard und Herr Hasseke, die oben erwähnt sind, die alle die Stücke (Punkte) verhandelt haben. Damit eine öffentliche Urkunde entsteht, habe ich, Hinrik, mit diesen Zeugen und sie mit mir diesen Brief (Vertrag) mit unseren Siegeln besiegeln lassen, und dies ist geschehen vor dem ganzen Rat zu Lüneburg und auf dem Rathaus verhandelt vor ihm nach Gottes Geburt 1300 Jahre, in dem 48. Jahre an dem achten Tage der Himmelfahrt unseres Herrn Gottes." [78]

(Bruchstücke von fünf unkenntlichen Siegeln)

---

78) W. F. Volger, Urk.-Buch d. Stadt Lüneburg, Bd. 1, Nr. 440
 Vorstehende Urkunde wurde freundlicherweise von Herrn Stud.-Dir. i. R. Gerhard Meyer, Bardowick, vom Alt-Niederdeutsch ins Hochdeutsch übersetzt.

Geschichte des Hofes Nr. 3

Das Stift St. Nikolai war durch Vertrag von 1327 Besitzer des Hofes Nr. 3 geworden. Es lag dicht vor Bardowick; schon im Jahre 1251 ist es urkundlich erwähnt worden. Ursprünglich war der St. Nikolaihof als Hospital für Leprakranke gestiftet worden. Die Ratsherren der Stadt Lüneburg waren an der Vermögensverwaltung der Stiftung beteiligt gewesen. Weltliche und geistliche Obrigkeit hatten für die Ordnung dieses Wohnwesens gesorgt. Nach dem Abklingen der Leprakrankheit fand das Stift als Siechenheim Verwendung. Und später wandelte sich der Nikolaihof in ein Altersheim für Pfründner und Pfründnerinnen. Ältere Einzelpersonen und auch Ehepaare hatten sich bis zu ihrem Lebensende in dem Stift eingekauft und diesem in vielen Fällen ihren Nachlaß vermacht.

Im Verlaufe der Jahrhunderte hatte sich das Stift zu einer begüterten Einrichtung entwickelt. Besondere Förderung hatte es um die Mitte des 15. Jahrhunderts durch den damaligen Lüneburger Bürgermeister Hinrik Lange erfahren, der das Stift baulich erweitern und fortschrittlich gestalten ließ.[79]

Der Nikolaihof besaß mehrere Meierhöfe in Bardowick und den Dörfern der Umgebung.
Bei Abschluß des Kaufvertrages über den Hof Nr. 3 in Ochtmissen im Jahre 1327 war dieser von dem Bauern Andreas bewirtschaftet worden.
Nach einem Güterverzeichnis vom Jahre 1487 hatte dieser Meierhof zu leisten:

8 Wichimten Roggen, 3 Wichimten Hafer, 1 Wichimten Gerste, 1 Schwein von 1 Mark oder 1 Mark Pfennige, 6 Hühner zu Fastnacht und Dienst.

Im Jahre 1663 war der Hof vom Bauern Garben bewirtschaftet worden, der jährlich 2 Wispel Roggen, 8 Pfund frische Butter und 1 Schock Eier zur Verteilung an die Pröverner (Dienstleute, die mit Nahrung abgefunden wurden) zu leisten hatte.

Das Lagerbuch des Amtes Winsen von 1681 berichtet über den Hof:

Peter Garben, Gutsherr der Rat zu Lüneburg.

Land: 144 Himtsaat, 3 Fuder Heu, 3 Pferde, 18 Kopf Rindvieh, 10 Schweine, 100 Schafe, 6 Immen.

Abgabe: 1 Taler 3 Schilling Zins, 72 Himten Roggen und 24 Himten Hafer dem Gutsherrn; dient dem Herrn mit Spann, tut auch Dienstfuhren nach dem Vorwerk Radbruch.[80]

---

79) Manecke, Bd. I, S. 28/29, 265;
Reinecke, Gesch. d. Stadt Lüneburg, Bd. I, S. 115/116 und 245 - 249
80) Sprengell, in: Jahresber. d. Museumsver. f. d. Fürstentum Lüneburg 1880 - 1882, S. 42/43 u. 66;
Rüther/Schulz-Egestorf, das Lagerbuch des Amtes Winsen v. 1861, S. 51

Die Geschichte des Hofes Nr. 3

1846

Im Jahre 1846 wurde der Meierhof des Heinrich Martin Garben gutsherrnfrei durch Ablösung. Der Vertrag lautete:

Ablösungsrezeß

zwischen dem Höfner Heinrich Martin Garben zu Ochtmissen, Provocanten und dem Ober-Prorisorate des Hostpitals St. Nicolaihof, Lüneburg, Provocaten, wegen Ablösung der Pflichten.

Zwischen dem Höfner Heinrich Martin Garben zu Ochtmissen, als Verpflichteten und Provocanten und dem Ober-Prorisorate des Hospitals St. Nicolaihof zu Lüneburg als Berechtigtem und Provocaten, ist nach nunmehriger Verhandlung vor der Ablösungscommission folgender Ablösungsvertrag wohlbedächtig und unwiderruflich abgeschlossen.

§ 1

Der Provocant, Höfner Heinrich Martin Garben zu Ochtmissen, steht hinsichtlich seines Hofes zu Ochtmissen in einem Pflichtigkeits-Verhältnis zu dem Hospitale St. Nicolaihof und ist namentlich zu folgenden Leistungen an dasselbe verpflichtet:

1. *Zuerst ist derselbe zur Leistung von Spanndiensten, sowohl gemessenen, als ungemessenen, und zwar mit zwei Pferden und einem Knechte verpflichtet und bestehen solche*
   a) *in Bau- und Wegebesserungs-, auch Haushaltsfuhren, mit Einschluß der Sand-, Lehm- und Heidefuhren,*
   b) *in Prövenfuhren,*
   c) *in Holzfuhren,*
   d) *in Heufuhren,*
   e) *in Haferfuhren,*
   f) *in Salzfuhren,*
   g) *in Rocken- und Mehlfuhren*
2. *sodann hat derselbe alljährlich auf Martini dem Hospitale St. Nikolaihof 75 Himten Zinsrocken zu liefern,*
3. *auf Ostern 1 Schock Eier und*
4. *auf Ostern 8 Pfund Butter.*
5. *Außerdem wird dem Hospitale St. Nicolaihof auch noch die völlige Gutsherrnschaft über den zu Ochtmissen belegenen Hof des Provocanten behauptet und in dessen Folge auch die Entrichtung der veränderlichen gutsherrlichen Gefälle an Weinkauf, Consensgeldern, Stammgeldern, Heimfallsrecht und Häuslings-Dienstgeldern in Anspruch genommen, welches Pflichtigkeits-Verhältnis vom Provocanten Garben jedoch ausdrücklich in Abrede gestellt wird.*

An Gegenleistungen liegt dem Hospitale St. Nicolaihof die Verabreichung gewisser Pröven an den Provocanten Garben bei Ableistung der Spanndienste ob.

§ 2

Alle diese vorbeschriebenen Leistungen und Gegenleistungen mit Einschluß der vom Hospitale St. Nicolaihof behaupteten, vom Provocanten aber bestrittenen Meierpflichtigkeit und somit das gesamte Pflichtigkeits-Verhältnis, in welchem der zu Ochtmissen belegene Hof des Provocanten zum

Hospitale St. Nicolaihof bisher gestanden hat, wird hiermit für ewige Zeiten und unwiderruflich, und zwar mittels Zahlung eines vom Provocanten an das Ober-Prorisorat des Hospitals St. Nicolaihof zu erlegenden Ablösungs-Capitals abgelöst und aufgehoben.

§ 3

Das Ablösungs-Capital ist zu dem Gesamtbetrage zu 2217 Rthl 14 ggr = Zweitausendzweihundert und siebzehn Thaler 14 Gutegroschen = Courant, vergleichsweise festgestellt und sind davon gerechnet

ad 1	für die Spanndienste nach Abzug der Gegenleistungen,	725 Rthl	
ad 2	für 75 Himten Zinsrocken nach Abzug der gesetzlichen 3 %	1 401 Rthl	23 ggr
ad 3	für 1 Schock Eier	7 Rthl	7 ggr
ad 4	für 8 Pfd. Butter	33 Rthl	8 ggr
ad 5	für die veränderlichen Gefälle als Weinkauf, Consensgelder, Stammgelder, Heimfallsrecht und Häuslings-Dienstgeld überhaupt	50 Rthl	
	In Summa	2 217 Rthl	14 ggr

§ 4

Über die Bezahlung dieses Ablösungs-Capitals ist folgendes verabredet und festgesetzt:

I. Zunächst tritt Provocant Garben und zwar mit dem Tage der Bestätigung des Ablösungs-Recesses brevi mann und ohne weitere Tradition an das Hospital St. Nicolaihof an Zahlungsstatt und zwar für den Preis von =Siebenhundert= Thalern Courant zum alleinigen, unwiderruflichen Eigentum, folgende ihm eigentümlich zugehörige in der Feldmark von Bardowick im sog. „Wolfstun" belegene Grundstücke mit allen denselben anklebenden Rechten und Gerechtigkeiten ab, als

a) fünf Morgen 16 Quadratruthen nördlich und nordöstlich an der Lüneburg-Winsener Chaussee, südlich an der Landwehr, westlich an die Grundstücke des Hospitals St. Nicolaihof und südöstlich an ein Ackerstück des David Garben in Bardowick grenzend;
b) einen Morgen 26 Quadratruthen im Osten an die Lüneburg-Winsener Chaussee im Norden und Süden an Nicolaihofsland grenzend, und zwar unter folgenden, näheren Bedingungen:
1. Provocant Garben steht für die angegebene Größe dieser Grundstücke nicht ein,
2. dagegen haftet Provocant Garben dafür, daß diese Grundstücke von Eigentums her und hypothekarischen Rechten und Ansprüchen dritter Personen sowie von anderen sonstigen Lasten und Abgaben mit alleiniger Ausnahme der Grundsteuer frei sind, und soll zu dessen Constatierung die Abtretung dieser Grundstücke in der demnächst zu erlassenden Edictalladung speziell Erwähnung geschehen. Werden in deren Folge von dritten Berechtigten etwaige Ansprüche vorgebracht, so übernimmt Provocant Garben deren Beseitigung auf seine Kosten.
3. Da diese Grundstücke noch bis Michaelis 1848 verpachtet sind, und zwar

ad a) das Grundstück von 5 Morgen 16 Quadratruthen an die beiden Hauswirthe Dittmer und Meier zu Bardowick, an ersteren für 15 Rthl, an letzteren für 4 Rthl jährliche Pacht;

ad b) das Stück von 1 Morgen 26 Quadratruthen an den Zimmermeister Kuvecke zu Bardowick für jährlich 6 Rthl Pacht, so tritt das Hospital St. Nicolaihof von Michaelis 1845 an gerechnet an des Provocanten Garben Stelle als Verpächter in dieses Pachtverhältnis dergestalt ein, daß das Hospital St. Nicolaihof von Michaelis 1845 an gerechnet die Pachtgelder im eigenen Namen erhebt, zu welchem er, der Provocant Garben seine desfalligen Rechte, insbesondere auch das Recht zur Klage gedachtem Hospitale hiermit förmlich verdingt, welche Cession das Hospital acceptiert.

Provocant Garben haftet gleichzeitig dafür, daß diese Pachtcontracte keine für den Verpächter lästige Bedingungen enthalten, namentlich aber dafür, daß der Pächter beim Abtritte von der Pacht keine Vergütung für Geil und Gare zu fordern berechtigt ist.

4. Die auf diesen Grundstücken haftende Grundsteuer geht erst vom 1. April 1846 an gerechnet, auf das Hospital St. Nicolaihof über.

II. Der nach Abzug obiger 700 Rthl noch verbleibende Rest des Ablösungs-Capitals wird mit 1517 Rthl 14 ggr = Eintausend fünfhundert und siebzehn Thalern, vierzehn Gutegroschen Courant = vom Provocanten Garben bar und in einer Summe, 6 Monate nach Bestätigung des Ablösungs-Recesses an das Hospital St. Nicolaihof bezahlt.

§ 5

Ferner ist verabredet und festgesetzt, daß Provocant Garben

a) die Spanndienste bis zum Zahlungstage des nach § 4 bar zu erlegenden Capitals von 1517 Rthl 14 ggr in bisheriger Art gegen Empfang der Gegenleistung obseiten des Hospitals fortleistet; dagegen

b) die Capitalien von 1401 Rthl 23 ggr für den Zinsrocken von 7 Rthl 7 ggr für die Eier und von 33 Rthl 8 ggr für die Butter, vor dem letzten Fälligkeitstermine jeder dieser Gefälle angerechnet bis zum Zahlungstage des Capitals mit 4 % und

c) das Capital von 50 Rthl für die unveränderlichen Gefälle, vom Tage der jetzigen Provocation, also vom 14. Juli 1844 ebenfalls bis zum Zahlungstag mit 4 % verzinset.

Gegen vollständige Zahlung dieses Ablösungs-Capitals nebst Zinsen, entsagt das Hospital St. Nicolaihof allen und jeden Ansprüchen an den Provocanten Garben und dessen zu Ochtmissen belegenen Hof, hinsichtlich der vereinbarten Leistungen und Gefälle nicht nur, sondern auch insbesondere hinsichtlich der vom Hospital St. Nicolaihof in Anspruch genommenen vom Provocanten aber bestrittenen Gutsherrschaft über den Garbenschen Hof, und hinsichtlich jedes anderen Pflichtigkeitsverhältnisses für ewige Zeiten und unwiderruflich.

§ 7

Diejenigen Verpflichtungen und Berechtigungen jedoch, welche hinsichtlich des sog. Höltungs-Gerichts dem Hofe des Provocanten obliegen, resp. zugutekommen, werden durch gegenwärtige Ablösung nicht getroffen, sondern bleiben unverändert fortbestehen.

Bis zur vollständig erfolgten Zahlung des Ablösungs-Capitals nebst Zinsen behält sich das Hospital St. Nicolaihof vor, alle dergleichen rückständige Ablösungs-Capitalien durch Gesetz und festgelegte Rechte wahrzunehmen.

§ 9

Zur Constatierung der etwaigen Rechte Dritter an das Ablösungs-Capital resp. an die vom Provocanten abgetretenen Grundstücke hat Provocant eine Edictalladung zu erwirken, welche das Hospital gestattet.

§ 10

Beide Teile entsagen allen, diesem Vertrage etwa entgegenstehenden Einreden und Ausflüchten, insbesondere der Einrede, der Verletzung unter oder über die Hälfte, des Irrtums, des anders verabredeten als beschriebenen Vertrages und der Ausflucht, daß ein allgemeiner Verzicht gültig sei.

Zu Urkund dessen ist dieser Receß aufgestellt und von beiden Teilen eigenhändig vollzogen.

So geschehen, Winsen an der Luhe am 27. März 1846.

Unterschriften
H. M. Garben

Lindemann
in Vollmacht für das Hospital St. Nicolaihof [81]

---

81) Archiv Ldkr. Lüneburg, Akte Ochtmissen, Fach 290.28

Geschichte des Hofes Nr. 3
1862

Der am 20.09.1790 geborene Vollhöfner Heinrich Martin Garben hatte seit der Ablösung von der Grundherrnschaft seinen Hof als freier Bauer weitergeführt und auch die Gastwirtschaft des Dorfes Ochtmissen in seinem Gutshofe eingerichtet. Im Jahre 1862 übergab er den Hof mit Gaststätte an seinen Sohn Heinrich Hermann. [82)]
Der Vertrag lautete:

Hofübergabe-Contract

Nachdem ich, Gastwirt und Vollhöfner Heinrich Martin Garben zu Ochtmissen, wegen Altersschwäche gesonnen bin, meinen daselbst belegenen gutsherrnfreien Vollhof an meinen ältesten Sohn, den Anerben Heinrich Hermann abzutreten, so stelle ich hierbei folgende Übergabebestimmungen.

§ 1

Den besagten Hof mit den sämtlichen Partinenzien trete ich auf meinen ältesten Sohn und Anerben Heinrich Hermann als Erb und Eigen von heute an ab.

Auch soll hierzu gehören das sämtliche Haus-, Wiesen, Acker- und Feldinventar, wie solches gegenwärtig vorhanden; zahle aber die Rechnungsbeträge, welche an verschiedene Leute abzuliefern oder zu berichtigen sind, von dem bereits genommenen Erlös des Inventars. Alle dann noch auf der Stelle ruhenden Schulden, Lasten und Abgaben trägt der Anerbe, ohne eine Entschädigung auf den hier zu bestimmenden Altenteil einen Anspruch machen zu können.

§ 2

Die Geschwister des Anerben bis auf

1. Johann Peter und
2. Heinrich Ludwig Adolph

sind, von da an gesetzt, an meinen Sohn, den Anerben übergehenden Stelle abgefunden.

§ 3

Da die beiden Brüder des Anerben, Johann Peter und Heinrich Ludwig Adolph, wie bereits erwähnt, von dieser Stelle noch nicht abgefunden sind, so setze ich hierbei folgendes fest:

Johann Peter hat bereits eine Ablösung in Bargeld erhalten und bekommt noch die Aussteuerstatt in natura; denselben zu prästieren, soll der Anerbe für diese die runde Summe von 200 Rthl – schreiben Zweihundert Thaler – zahlen.

Heinrich Ludwig Adolph soll der Anerbe auszahlen in bar mit 1000 Rthl – schreiben Eintausend Thaler – und soll anstelle Aussteuer 200 Rthl – schreiben Zweihundert Thaler – mit 4 % verzinsen bis zur Auszahlung.

Da ich mit meiner Ehefrau die Stelle verlassen will, hat der Anerbe für unsere Haushaltsführung jährlich 350 Rthl zu zahlen. Verstirbt einer von uns Altenteilern, so fällt die Hälfte der Summe von 350 Rthl weg.

82) Taufregister der Nikolaikirche Lüneburg v. 1790

§ 5

Sollte der Anerbe versterben und sein ältester Sohn noch nicht volljährig sein, soll die jetzige Ehefrau des Anerben nicht wieder in den Hof zuheiraten dürfen.

§ 6

Dem jetzigen Annehmer der Stelle soll nie das Recht zustehen, den Hof zu verkaufen, sondern soll solcher auf seine Erben fortgehen.

§ 7

Die Kosten des Vertrages trägt der Abgeber.

Ochtmissen, den 22. Februar 1862

Unterschriften:

Heinrich Martin Garben   Heinrich Hermann Garben [83]

1879

Heinrich Hermann Garben hatte entgegen dem Willen seines Vaters den Vollhof im Jahre 1879 an Johannes Lorenz Lehmbeck verkauft, der ihn aber im Jahre 1885 seinem Schwiegervater, dem Schmiedemeister Johann Christian Junge übertrug. Er war mit dessen Tochter Maria verheiratet.
Die Gastwirtschaft war weiterhin beim Hofe verblieben.[84]

1904

Nach der Verkopplung, die 1903 abgeschlossen worden war, hatte Johannes Lorenz Lehmbeck den Vollhof wieder übernommen. Dieser Hof hatte zu jener Zeit eine Gesamtgröße von:

84 ha, 53 ar und 72 qm.

Die einzelnen Schläge lagen in den Flurstücken:

Alter Immenzaun, auf der Marsch, Brauerteich, Entenmoor, Im Dorfe, (Hofgrundstück) Imkerstieg, Kamp, Krähornsberg, Krumstücke, Lehmkuhlenstücke und Loplehm.[85]

---

83) Archiv Ldkr. Lbg., Akte Ochtmissen, Fach 242.26
84) Auskunft durch Frau Helga Reikowski aus Fam.-Gesch. Lehmbeck
85) Kat.-Amt Lbg., Grundbuch Ochtmissen 1903, Bd. I., Bl. 3

Die Geschichte des Hofes Nr. 3

1913

Im Jahre 1913 übernahm der Sohn von Johannes Lorenz, Otto Lehmbeck, den Vollhof. Er wurde im 1. Weltkriege verwundet und starb 1915 in einem Feldlazarett.
Otto Lehmbeck hatte drei Kinder. Der älteste Sohn Hans-Otto war am 09.10.1911 geboren und beim Tode seines Vaters noch keine vier Jahre alt.
Bald darauf war auch die Mutter der drei Kinder verstorben und die Kinder des Vollhofes Lehmbeck waren zu Vollweisen geworden. In dieser Lage übernahm die Großmutter Marie Lehmbeck geb. Junge die Wirtschaftsführung des Hofes, bis Hans-Otto Lehmbeck herangewachsen war und nach der Schul- und Landwirtschaftsausbildung den Vollhof um 1929 übernehmen konnte.

1934

Hans-Otto Lehmbeck heiratete im Jahre 1934 Hertha Twesten, mit der er in dieser Ehe einen Sohn Hans Otto und eine Tochter Helga hatte.

1941

Während des 2. Weltkrieges war Hans Otto Lehmbeck von 1941 an in Südosteuropa und an der Nordafrikafront im Kriegseinsatz. Dort geriet er in amerikanische Kriegsgefangenschaft, aus der er zu Beginn 1946 heimkehrte.
Sein Sohn Hans Otto Lehmbeck, der den Vollhof erben sollte, starb 1971 im Alter von 26 Jahren. Er hinterließ seine Ehefrau Marianne geb. Wenk und Tochter Gudrun. In dieser Lage bestimmte Hans Otto Lehmbeck seine Tochter Helga durch Testament zur Erbin des Vollhofes und des dazugehörigen Gasthofes.
Helga ist seit 1961 mit dem Elektromeister Hans Reikowski verheiratet. In dieser Ehe leben zwei Söhne.

1980

Hans Otto Lehmbeck starb am 29. November 1980. Seine Tochter Helga führte danach den Hof wirtschaftlich und mit Helfern für die Feldbestellung weiter.

1981

Am 2. September brannte die große Scheune des Hofes durch Brandstiftung restlos nieder und mit ihr 2 Pferde, fast der gesamte Maschinenpark sowie reichlich Erntevorräte. Seitdem ist Helga Reikowski gezwungen, den Hof zur Bestellung in Pacht zu geben, bis auf ein kleines Stück, das sie noch selbst bestellt.
Die Schläge der Feldmarken bearbeiten im Pachtverhältnis Ewald Schäfer und Hans-Dieter Häenel, für deren Väter einst Hans Otto Lehmbeck die Felder gleichfalls als Nachbarschaftshilfe im Pachtverhältnis bestellte, als diese krank waren.
Der Vollhof wird auf diese Weise solange bearbeitet werden, bis einer der beiden Söhne des Ehepaares Reikowski nach Schulausbildung und Landwirtschaftslehre in der Lage ist, den vormals Lehmbeckschen Vollhof zu übernehmen.[86]

Die Familie Lehmbeck auf dem Vollhof Nr. 3 in Ochtmissen

1879 bis 1885	Johannes Lorenz	Lehmbeck
1885 bis 1904	Johannes Christian	Junge (Schwiegervater)
1904 bis 1913	Johannes Lorenz	Lehmbeck
1913 bis 1915	Otto	Lehmbeck
1915 bis 1929	für die Vollweisen Marie	Lehmbeck geb. Junge
1929 bis 1980	Hans Otto	Lehmbeck
seit 1980	Helga	Reikowski geb. Lehmbeck

86) Lt. Frau Helga Reikowski geb. Lehmbeck – Hofgeschichte –

Die Geschichte des Hofes Nr. 4

Dieser Voll-Meierhof hatte seit 1360 unter demselben Grundherrn gestanden wie die Höfe 1 und 2, mit denen er seine Geschichte geteilt hatte. Mit der Ablösung von der Grundherrnschaft im Jahre 1844 begann sein eigener Lebensweg. Der Ablösungsvertrag lautete:

„Kund und zu wissen sei hiermit, daß zwischen dem Vollmeier Georg Rieckmann in Ochtmissen, Provokanten einerseits und der Königlichen Lehnkammer in Hannover von wegen des heimgefallenen Guts Lindhorst, Provokaten, andererseits, folgender

Ablösungsvertrag

abgeschlossen ist.

§ 1

Gegenstand der Ablösung ist der Meierverband, in welchem der sub. Nr. 3 des Brandkassen-Catasters zu Ochtmissen gelegenen Hof des Provokanten zu dem Gute Lindhorst und vermöge dessen von jenem Hofe an dieses Gut

Ostern an Dienstgeld,	5 Rthl 4 ggr 6 &	)	mithin jährlich
Michaelis an Dienstgeld, Lagergeld		)	11 Rthl 23 ggr
und für ein Zinshuhn zu zahlen	5 Rthl 18 ggr 6 &	)	Cassenmünze

Martini 45 Himten Rocken zu liefern und endlich bei Veränderungen des Wirts an Weinkauf   10 Rthl 21 ggr Cassenmünze

zu entrichten sind.

§ 2

Die Provstationen wie das Heimfallsrecht werden mittelst Capital-Zahlung abgelöst.

§ 3

Dasselbe beträgt:

1. für die ständigen Geldgefälle   345 Rthl 16 ggr 1 3/24 &
2. für die Fruchtrente bei einem Preise von 18 ggr 5 & für den Himten Rocken und nach Absatz von 3 % gemäß des § 18 der Ablösungsordnung   837 Rthl 9 ggr 2 6/24 &
3. für den Weinkauf bei Annahme von vier Fällen in einem Jahrhundert   12 Rthl 13 ggr 9 9/24 &
4. für das Heimfallrecht bei einem Rein-Ertrage der Stelle des Provokanten von 101 Rthl 1 ggr 3 & nach § 50, 2 der Ablösungsordnung   25 Rthl 6 ggr 3 18/24 &

in Summa   1 220 Rthl 21 ggr 4 1/2 &

geschrieben = Zwölfhund Zwanzig Thaler einundzwanzig ggr viereinhalben Pf. =

Geschichte des Hofes Nr. 4

§ 4

Das Capital wird sechs Monate nach der Bestätigung des Rezesses mit 4 % Zinsen an das Amt Harburg eingezahlt.

§ 5

Der Zinsenlauf nimmt seinen Anfang rücksichtlich des Capitals für die ständigen Geld- und Korngefälle von dem Termin, wo solche zuletzt gezahlt und geliefert worden, rücksichtlich des Capitals für den Weinkauf und das Heimfallsrecht, aber vom 1. Januar 1844.

§ 6

Bis zur Zahlung des Capitals mit den Zinsen bleiben dem Gute Lindhorst seine Rechte vorbehalten und ruht bis dahin das Ablösungs-Capital als eine untrennbare Reallast auf des Provokanten Stelle.

§ 7

Sobald aber die Zahlung erfolgt ist, entsagt die Königliche Lehn-Kammer für immer den in § 1 erwähnten Berechtigungen wie dem Heimfalls-Rechte.

§ 8

Provokant trägt die Kosten des Ablösungs-Verfahrens und verzichtet auf die Befugnis,eine Edictial-Ladung derjenigen zu beantragen, welche in Beziehung auf das abgelöste Meierverhältnis berechtigt zu sein vermeinen.

§ 9

Beide Teile entsagen allen Einreden gegen diesen Rezeß, namentlich der Einrede der Verletzung über die Hälfte, und daß ein allgemeiner Verzicht auf die Einreden ungültig sei.

Urkundlich dessen ist dieser Rezeß in vierfacher Ausfertigung vollzogen und soll derselbe der Ablösungs-Kommission des Distriktes Winsen an der Luhe zur Bestätigung vorgelegt werden. So geschehen, Hannover den 27. April 1844.

Namens der Königlichen Lehnkammer: Starcke, Regierungsrat.

Von dem Königlichen Ministerium der Lehnssachen ist der Vertrag am gleichen Tage bestätigt und die diesbezügliche Urkunde von STRATENHEIM unterzeichnet worden."[87]

---

87) Archiv Ldkr. Lbg., Akte Ochtmissen, Fach 295.11

Geschichte des Hofes Nr. 4

1867

Witwe Rieckmann verkaufte ihren Hof in Ochtmissen

Der Vollhöfner Georg Hyronimus Rieckmann war verstorben. Seine Witwe Henriette Catharina Rieckmann geb. Meyer konnte den Hof nicht mehr bestellen und verkaufte diesen an den Gastwirt Magnus Behrendt aus Winsen/L.
Der Inhalt des Vertrages war folgender:

„Am 15. Juli 1867 wurde im Beisein der Zeugen Fröhling und Rehbehn bei dem Notar Jacob Heitmann nachstehender Kaufvertrag geschlossen zwischen

1. *der Witwe des verstorbenen Vollhöfners Georg Hyronymus Rieckmann, Henriette Catharina Rieckmann geb. Meyer zu Ochtmissen, Nr. 4 und*
2. *dem Gastwirt Johann Magnus Behrendt, Bürger in Winsen/L.*

§ 1

Die Witwe Henriette Catharina Rieckmann geb. Meyer verkauft dem Gastwirt Johann Magnus Behrendt den gutsherrnfreien Vollhof in Ochtmissen Nr. 4 mit allem, was damit ordentlich wand-, band-, niet- und nagelfest zusammenhängt, aber auch mit allen Lasten und gesamten lebenden und toten Inventar sowie Vorräten mit Ausnahmen der Gegenstände, die von der Verkäuferin besonders aufgeführt sind.

§ 2

Anstatt bestimmter Kaufsumme hat sich der Käufer zu folgenden Leistungen verpflichtet:

1. *Er übernimmt die auf dem Hofe ruhenden Ablösungskapitalien, die bereits anscheinend durch Zinsen überzahlt sind. Die Verkäuferin schätzt den Rückstand auf ca. 1500 Thaler, er könnte aber auch höher sein.*
2. *Der Käufer übernimmt alle im Hofe versicherten Schuldkapitalien, und alle solche, für die von der Verkäuferin Zinsen gezahlt werden, nebst allen rückständigen Zinsen und verpflichtet sich, seinerseits der Verkäuferin die Schulden zu erlassen, die sie bei ihm, dem Verkäufer hat. Die Verkäuferin schätzt die Höhe dieser Schulden auf insgesamt ca. 3000 Thaler, kann aber auch das nicht genau sagen.*
3. *Zu Michaelis zahlt der Käufer der Verkäuferin die Summe von 500 Thalern in bar.*
4. *Der Käufer zahlt außerdem noch die Summe von 3000 Thalern wie folgt:*

a) *An die Tochter des Bruders der Verkäuferin, Louise Meyer aus Fallingbostel 1000 Thaler, und zwar 500 Thaler an ihrem Hochzeitstage und den Rest danach jährlich von je 100 Thalern. Die Verkäuferin behält sich aber den Widerruf unter a) vor.*

b) *Bei dem Verkäufer bleiben 2000 Thaler. Er hat dafür eine öffentliche Hypothek an seinem Gesamtvermögen, insbesondere dem gekauften Hofe zu bestellen und von 1868 an mit 2 % zu verzinsen.*

Geschichte des Hofes Nr. 4

§ 3

Der Käufer verpflichtet sich zum Altenteil für die Verkäuferin mit folgenden Leistungen:

1. Wohnung im Wohnhause, bestehend aus Stube, Kammer und Küche.
2. 1 Morgen Gartenland, für dessen Düngung, Bestellung und Ernte der Käufer und dessen Rechtsnachfolger sorgen sollen.
3. Brotkorn der Verkäuferin ist zur Mühle zu bringen und abzuholen. Auch geerntete Früchte sind nach Lüneburg zu fahren.
4. Die Verkäuferin erhält jährlich;
   zu Martini 20 Himten guten Roggen,
5. zu Martini 2 Himten guten reinen Weizen,
6. zu Martini 2 Himten guten reinen Buchweizen,
7. zur Fastnacht 1 Klafter Buchenholz gesägt und gespalten,
8. im August 5000 Soden guten, trockenen Torf,
9. zu Weihnacht ein fettes Schwein, mindestens 240 Pfund hakenrein schwer,
10. 1/2 Stein reine Schafwolle, frisch nach der Schur.
11. Die Verkäuferin erhält;
    wöchentlich 1 Pfund frische Butter,
12. täglich 1 Quartier frische Milch,
13. Gewährung von Nebenraum,
14. Reinigung der Wohnung, Aufwartung, Bettenmachen und Pflege bei Krankheit sowie im Alter,
15. Stellung und Bezahlung eines Arztes bei Bedarf.

§ 4

Der Käufer tritt in alle bestehenden Verträge einschließlich der Versicherungen ein.

§ 5

Der Verkäuferin entstehen durch den Vertragsabschluß keine Lasten.

§ 6

Die Verkäuferin schätzt die Grundstücksgröße ihres Vollhofes auf etwa 224 1/2 Morgen in der Ochtmisser Feldmark und auf etwa 9 Morgen in der Feldmark Vögelsen.

§ 7

Die Kosten für den Vertragsabschluß trägt der Käufer." [88]

Der Kaufvertrag ist in Lüneburg am 28. Juli 1867 beglaubigt worden.

---

88) Archiv Ldkr. Lbg. Ochtmissen, Fach 242.26

Geschichte des Hofes Nr. 4

1872

Nach etwa 5jährigem Besitz des Hofes veräußerte ihn Johann Magnus Behrendt an den Bauern Georg Heinrich Hänel.
Der Kaufvertrag wurde am 17. April vor dem königlich preußischen Notar Anton Gottfried Matthäi zu Lüneburg abgeschlossen zwischen
Johann Magnus Behrendt als Verkäufer und
Georg Heinrich Hänel als Käufer,
im Beisein der Zeugen W. Hencke und Ernst Rastemeyer.

Der Kaufpreis des Hofes betrug 11800 Thaler in Worten = Elftausendundachthundert =.

Der Vollhof wurde verkauft und abgetreten wie er dalag mit allem Zubehör der Geile und Gare sowie der Aussaat. Das Inventarium des Hofes wurde mitverkauft, und zwar das gesamte am Tage des Vertragsabschlusses vorhandene an Pferden (2), Kühen, Starken, Rindern, Kälbern, Schweinen, Schafen und Federvieh; ferner das gesamte tote Inventar, das auf dem Hofe war an Ackergerätschaften, Wagen, Pflügen, Eggen und dergleichen sowie sämtlichen Tischen, Bänken und den beiden Betten des sogenannten Gesindes und sämtlichen Vorräten an Korn, Heu, Stroh, Dünger und dergleichen.

Durch die Vollziehung des Vertrages sollten Eigentum wie auch Besitz und Nutzung des verkauften Hofes sofort vom Verkäufer auf den Käufer übergehen, so daß der Käufer auch alle Lasten und Abgaben des Vollhofes für Staat, Gemeinde, Kirche und Schule sowie Brandkasse übernahm und eine nachträgliche Berechnung nicht stattfinden sollte.
Das Kaufgeld hatte der Käufer an den Verkäufer wie folgt zu zahlen:
1. am 1. Mai des Jahres 1872 viertausend Taler,
2. am 1. Oktober 1872 zweitausendachthundert Taler,
3. der danach verbleibende Rest des Kaufgeldes von fünftausend Talern blieb vorläufig verzinslich bei dem Käufer stehen und konnte diesem in den folgenden fünf Jahren nicht gekündigt werden. Danach sollte dem Verkäufer die halbjährliche Kündigung zustehen.

Der Käufer Georg Hänel verpflichtete sich, die Restsumme des Kaufgeldes in Höhe von 5000 Talern – fünftausend – mit jährlich 4 1/2 % vom Tage des Vertragsabschlusses an zu verzinsen, das Kapital aber dem Verkäufer Johann Behrendt richtig auszuzahlen.

Dem Käufer sollte es jedoch gestattet sein, schon früher das ganze Kaufgeld zu zahlen oder Abträge zu leisten.
Der Käufer war verpflichtet, zur Sicherheit des Kaufgeldrestes von 5000 Talern samt Zinsen und etwaigen Kosten eine Spezialhypothek an dem ihm verkauften Hofe zugunsten des Verkäufers Behrendt zu bestellen, und er beantragte die Eintragung dieser Hypothek von 5000 Talern samt Zinsen und Nebenkosten beim königlichen Amtsgericht zu Lüneburg, Abtlg. II, so daß es der weiteren Erklärung deshalb von seiner Seite nicht bedurfte.
Der Käufer erhielt vom Tage des Vertragsabschlusses an alle fällig werdenden und zu ziehenden Früchte des Hofes, insbesondere auch die Pachtgelder für verpachtete Ländereien und Pertinentien (Zubehör), und es wurden ihm alle diesbezüglichen Rechte des Verkäufers abgetreten. Der Käufer hatte also die Pachtverträge einzuhalten oder sich mit den Pächtern abzufinden, so daß dem Verkäufer daraus keine Nachteile entstünden.

Geschichte des Hofes Nr. 4

Der Verkäufer übergab dem Käufer den Hof schuldenfrei und leistete ihm Gewähr gegenüber jeglichen Ansprüchen dritter Personen; die bis dahin auf dem Hofe haftenden Hypothekenschulden wurden von ihm abgeführt.

Der Verkäufer verpflichtete sich, die Wirtschaft auf dem Hofe für Rechnung des Käufers bis Michaelis 1872 unentgeltlich, jedoch gegen freie Station auf dem Hofe für sich und seine Familie fortzuführen, wobei ihm vom Käufer dessen zweiter Sohn Wilhelm zugewiesen wurde.

Der Käufer sicherte dem Verkäufer ferner zu: eine Kuh, zwei Ferkel, die Ernte von 2 Morgen Roggen und die Ernte von einem Morgen Kartoffeln bis Michaelis des laufenden Jahres sowie zwei Schock Dachstroh.

Endlich sicherte der Käufer dem Verkäufer zu, dessen Möbel von Ochtmissen nach Winsen zu fahren.

Beide Vertragsteile entsagten allen Einreden, als die der Verletzung über oder unter der Hälfte des wahren Wertes und der Rechtsregel, daß ein allgemeiner Verzicht ungültig sei, falls nicht jede Einrede vorher aufgeführt ist.

Sämliche Kosten der Vertragsausfertigung, Stempel usw. trug der Käufer allein. Die Vertragspartner baten um Originalausfertigung des Protokolls sowie um Übersendung einer beglaubigten Abschrift an das königliche Amtsgericht Lüneburg, Abt. II, behuf des Contractbuches.

Der Kaufvertrag wurde am 17. April 1872 abgeschlossen und von J. H. Behrendt, als Verkäufer, und Georg Hänel, als Käufer, sowie von den Zeugen W. Hencke und Ernst Rastenmeyer und dem Notar Anton Gottfried Mattaei unterschrieben.[89]

1879
Am 20. August 1879 verkaufte Vollhöfner Wilhelm Hänel dem Zimmermann Peter Völker im Flurstück Köthgarten 1/2 Morgen Land zum Errichten einer Abbaustelle.[90]

1891
Wilhelm Hänel hatte von dem Viehhändler Horwitz in Lüneburg, Auf dem Kauf, eine Kuh erworben. Im Stalle des Viehhändlers war aber eine Vieh-Lungenseuche ausgebrochen, und es bestand der Verdacht, daß die Kuh ebenfalls krank sei.
Am 1. Dezember 1891 wurde die betreffende Kuh vom Kreistierarzt Dr. Quarner untersucht und als gesund befunden.[91]

1903
Der Hof Nr. 4 des Friedrich Heinrich Wilhelm Hänel hatte nach Abschluß der Verkopplung Areal von 66 ha, 39 ar und 93 qm.

Die einzelnen Schläge lagen in den Flurstücken:

Tangenwiesen-Kamp, das Lange Moor, Kleverstücke, Teilfeld, Hinterm Loplehm, Unter dem Dorfe, Im Dorfe, Medebeck, die Kemnau und Am Vickendiek.[92]

---
89) Hofakte Hans-Dieter Hänel
91) Archiv Ldkr. Lüneburg, Ochtmissen, Fach 222.14
    Archiv Ldkr. Lüneburg, Ochtmissen, Fach 170.7
92) Katasteramt Lüneburg, Grundbuch Ochtmissen

Geschichte des Hofes Nr. 4

1903

Vollhöfner Wilhelm Hänel wurde als Beigeordneter in den Ortsvorstand gewählt.

1913

Im Jahre 1913 hatte Johann Hänel den Vollhof von seinem Vater als Anerbe übernommen. Er war von 1937 bis 1947 Bürgermeister von Ochtmissen.

1950

Den Vollhof hatte Wilhelm Friedrich Niklaus Hänel, der Sohn von Johann als Erbe übernommen. Seine Ehefrau war während eines Arztbesuches in Lüneburg im Jahre 1945 durch feindlichen Luftangriff ums Leben gekommen.
Wilhelm Hänel war von 1947 bis 1967 Bürgermeister in Ochtmissen.

Infolge jahrelanger Krankheit war Wilhelm Hänel nicht in der Lage gewesen, seinen Hof zu bestellen. Während dieser Krankheitszeit waren einige Schläge an Bardowicker Bauern und an den Vollhöfner und Gastwirt Hans Otto Lehmbeck in Pacht gegeben worden, weil Hans-Dieter, der Anerbe, noch im Kindesalter war.

1968

Wilhelm Friedrich Niklaus Hänel starb im Januar 1968. Wegen seiner Verdienste um die Gemeinde Ochtmissen wurde ein Weg nach ihm benannt.
Beim Tode seines Vaters stand der am 20.06.1949 geborene Hans-Dieter Hänel noch in landwirtschaftlicher Ausbildung. Als er diese beendet hatte, übernahm er den väterlichen Hof und bewirtschaftet ihn seitdem.
Hans-Dieter Hänel ist seit 1974 mit Ilse geb. Hedder verheiratet.

1982

Der seit dem Jahre 1872 in Hänelschem Besitz befindliche Vollhof verzeichnet seitdem die Besitzer

	1872	Georg Heinrich	Hänel
	1903	Friedr.Heinr.Wilhelm	Hänel
	1913	Johann Heinr.Wilhelm	Hänel
	1950	Wilhelm Friedr.Niklaus	Hänel
seit	1968	Hans-Dieter	Hänel [93]

---

93) Hofakte Hans-Dieter Hänel

Geschichte des Hofes Nr. 5
1362

Um 1362 befand sich dieser Hof in der Hand der Ritter von der Oedeme.
Der Knappe Huner von der Oedeme verkaufte ihn an das Kloster St. Michaelis zu Lüneburg, bei dem er bis zur Ablösung von der Grundherrschaft im Jahre 1840 verblieben ist.

Bevor Huner von der Oedeme den Hof verkaufte, hatte er sich zuvor der Zustimmung seiner Schwester Elisabeth und deren Gemahls, des Knappen Hans von dem Berge versichert. Diese lautete:

„Ich Hans von dem Berge, Knappe . . mit Zustimmung und mit Willen meiner Gemahlin Elisabeth und unserer rechten Erben habe ich meinem lieben Schwager Huner von der Oedeme erlaubt, daß er lassen und verkaufen mag . . seinen Hof zu Ochtmissen und seinen Hof zu Gödenstorf und seine Koten vor dem Lindenberger Tore, mit all seinem Lande, das vor der Stadt zu Lüneburg liegt. Und das Gut wird und will ihm meine Gemahlin überlassen in alle den Rechten, die das Gut innehat.
Nach Gottes Geburt, tausend Jahr, dreihundert Jahr, in dem zweiundsechzigsten Jahre, in Sankt Albanus Tage des heiligen Märtyrers." [94]
— 21. Juni 1362 —

In dem Vertrage zwischen Huner von der Oedeme und dem Kloster St. Michaelis über den Verkauf des Ochtmissener und anderer Höfe vom 25. Juli 1362 hieß es:

„In Gottes Namen Amen!
Ich Huner von der Oedeme, Knappe, Sohn des Herrn Hildemers von der Oedeme, des Ritters, dem Gott gnädig sei . . verkaufe Herrn Ulrich, dem Abte und Herrn Anton, dem Prior und dem ganzen Convente des Münsters Sankt Michaelis auf dem Hause zu Lüneburg einen Hof in Ochtmissen, auf dem jetzt Henneke Berkwynkel sitzt und einen Hof in Gödenstorf, auf dem jetzt Henneke Thosten sitzt und all meine Koten vor dem Lindenberger Tore und all mein Land, das ich habe auf dem Felde vor der Stadt zu Lüneburg mit dem Kamp, den sie hat, das . . . das vor der Vinninge liegt . . . Und wir Herr Huner von der Oedeme, Ritter Gerd von der Oedeme, Johann, des genannten Herrn Huners Sohn von der Oedeme, Johann, Detlef und Geverd, Brüder des Geverdes Sohnes von der Oedeme . . geloben mit Huner und vor dem genannten Huner, Herrn Ulrich, dem Abte und Herrn Anton, dem Prior und dem ganzen genannten Convente, alle diese verschriebenen Dinge (Vertrag) stets und fest ganz zu halten.
Nach Gottes Geburt, tausend Jahr dreihundert Jahr, in dem zweiundsechzigsten Jahre, in dem heiligen Tage Sankt Jacobis des heiligen Apostels." [95]

Am gleichen Tage hat der Knappe Hans von dem Berge mit seiner Gemahlin Elisabeth den Verkauf bewilligt, durch den Huner von der Oedeme den Hof zu Ochtmissen und den Hof in Gödenstorf sowie die Kote vor dem Lindenberger Tore einschließlich der Länderei vor Lüneburg und einen Kamp dem Abte Ulrich, dem Prior Anton und dem Convente des Klosters St. Michaelis auf dem Hause Lüneburg übereignet hatte. — 25. Juli 1362 — [96]

94) Urk.-Buch d. Klosters St. Michaelis Lbg., Urk. 588
95) Urk.-Buch d. Klosters St. Michaelis Lbg., Urk. 590
96) Urk.-Buch d. Klosters St. Michaelis Lbg., Urk. 591

Geschichte des Hofes Nr. 5

In der zweiten Hälfte des 17. Jahrhunderts war dieser Vollmeierhof von Heinrich Mohrmann bewirtschaftet worden.

Über dessen Landanteil, Viehbesitz und Verpflichtungen gibt das Lagerbuch des Amtes Winsen von 1681 wie folgt Auskunft:

Heinrich Mohrmann,

Gutsherr die Abtei zu Lüneburg;
Zehntherr das Kapitel zu Bardowick.

Land: 103 Himtsaat, 3 Fuder Heu, 3 Pferde, 18 Kopf Rindvieh, 15 Schweine, 90 Schafe.

Abgabe: 12 Taler, 12 Schilling Dienstgeld, 3 Schilling Zins, 36 Himten Roggen, 12 Himten Gerste dem Gutsherrn;

dient der Herrschaft wöchentlich 1 Tag mit Pferd und Wagen und 1 Tag mit der Hand.

Ein Bericht der Vogtei Bardowick vom Jahre 1694 nennt Martin Mohrmann als „Wirt" auf dem Hofe.

Auch in einem Schreiben der Ochtmisser Bauern vom 31. März 1706 ist Martin Mohrmann genannt. [97]

---

97) Rüther/Schulz-Egestorf, Lagerbuch d. Amtes Winsen v. 1681, S. 51/52;
Nds. Hpt.-Staatsarchiv Hannover, Hann. 74, Winsen/L. Nr. 10;
Stadtarchiv Lüneburg, Mich. D 87, Nr. 3

Geschichte des Hofes Nr. 5

1772

In diesem Jahre war der Leutnant Westphal Pächter des Hofes und hatte darauf das Erb-Meierrecht.

1796

Nach seinem Tode hatte dessen Witwe den Hof an Wilhelm Schröder verpachtet. Die Pachtsumme hatte 2500 Taler betragen. Damit war auch die Bedingung verknüpft, daß alle gutspflichtigen Obliegenheiten willig zu leisten seien. Landschaftsdirektion und Kloster St. Michaelis hatten ihre Einwilligung gegeben.

Die Tochter des verstorbenen Leutnants Westphal hatte bei ihrer Eheschließung mit C. Rafen den Hof als Heiratsgut erhalten und dazu mit Genehmigung des Klosters St. Michaelis das Hebe-Meierrecht.

1797 — Es war schwer, gute Nachfolger für den Hof zu finden.

Die Witwe Westphal hatte jedoch laufend Ärger mit dem Pächter Wilhelm Schröder gehabt, der teils dieses und teils jenes gebaut haben wollte und von den jährlichen Pachtgeldern Abzüge von 10 bis 15 Rthl vornahm. Außerdem hätte er mit so schlechtem Geld bezahlt, daß immer ein beträchtlicher Teil verlorengegangen wäre.

Da jedoch die Witwe Westphal und auch ihr Schwiegersohn C. Rafen nicht imstande waren, den Meierhof selbst zu bewirtschaften, entschlossen sie sich zum Verkauf.

In einem Gesuch an den Landschaftsdirektor bat C. Rafen mit Einwilligung seiner Schwiegermutter Westphal den Hof vorbehaltlich der Einwilligung des Klosters St. Michaelis Lüneburg für 3000 Taler an den Schiter Geister zu Lüneburg — für dessen Stiefsohn — gegen bare Münze zu verkaufen. Die Einwilligung wurde am 12. Juni 1797 erteilt.[98]

1815

Der Hof war inzwischen in die Hände des Klosterverwalters Philipp August Alberts gekommen, der alsbald verstorben war. Sein Sohn und Erbzinsmann Conrad Leopold Alberts zu Radbruch verkaufte in Vollmacht seiner volljährigen und als Vormund seiner minderjährigen Geschwister den Hof an den Branntweinbrenner Heinrich Daniel Ludolph Koch in Lüneburg.

Der Verkauf erfolgte unter Vorbehalt gutsherrlicher und gerichtlicher Genehmigung und Bestätigung des Klosters St. Michaelis im Hinblick auf Nachlaßverbindlichkeiten von seines verstorbenen Vaters Seite her.

Die Kaufsumme betrug 3000 Reichstaler nach dem Leipziger Fuße.

Ackergerät und Feldinventar hatte der Käufer nach dem Preis zu nehmen, den ihm der auf dem Hofe wirtschaftende Ahrens abgeben würde. Übernahme von Vieh blieb dem Käufer je nach Preis überlassen.

Den zum Hofe gehörenden Anteil der Eingesessenen am Torfstich in der Breitenwiese behielt der Verkäufer bis Ende des Torfstiches. Bis dahin war aber der Käufer verpflichtet, dem Torfaufseher im Torfhause Wohnung und das bisherige Land zu geben.

Der Vertrag wurde am 01.08.1815 in Lüneburg abgeschlossen.[99]

---

98) Stadtarchiv Lüneburg, Mich. D. 87, Nr. 7 und 8
99) Stadtarchiv Lüneburg, Mich. D. 87, Nr. 9

Geschichte des Hofes Nr. 5

1827

Der Hof war nach dem Verkaufe vom Jahre 1815 wieder zurück in die Hand des Conrad Leopold Alberts zu Radbruch gekommen.

Er hatte in einem Gesuch an die Direktion des Klosters gebeten, den Hof nunmehr an den Vollhöfner Garbens in Ochtmissen zu verkaufen. Das war jedoch mit der Begründung abgelehnt worden, daß ein Bauer nicht zwei Vollhöfe haben sollte.

Danach hatte C. L. Alberts um Genehmigung ersucht, den Hof an den Ökonomen Julius Carl August Nebel verkaufen zu dürfen. Die Hinderungsgründe entfielen bei Nebel, der bei seiner Schwester, der Pächterin Penseler zu Brockwinkel wohne.

Nebel könne auch das Kaufgeld aus eigenem Vermögen entrichten. Nach zwei, dem Gesuche beiliegenden Zeugnissen seiner vormaligen „Principalen" gehe hervor, daß Nebel die Landwirtschaft erlernt und solche als Schreiber und Verwalter schon ausgeübt und sich als rechtschaffener Mann erwiesen habe.

Das Gesuch wurde am 23.06.1827 an die Klosterdirektion St. Michaelis gerichtet. Dem Verkauf des Hofes wurde stattgegeben.

1828 – Der bestgelobte war der schlechteste Nachfolger gewesen.

Am 13. März 1828 richtete das Amt Winsen an der Luhe ein Schreiben an die Direktion der Klosterverwaltung St. Michaelis zu Lüneburg und teilte mit, daß nach dortiger Genehmigung der Erbzinsmann C. L. Alberts den Hof in Ochtmissen an J. C. August Nebel verkauft hatte. Die Kaufsumme hatte 2200 Reichstaler betragen.

Inzwischen hatte der Käufer Nebel „auf das Kaufgeld nicht nur nichts berichtigt, vielmehr den Verkäufer mit nicht zu realisierenden Versprechungen hintergangen, sondern auch das gesamte Mobiliar verschleppt oder veräußert und sich selbst sogar gänzlich entfernt, dergestalt, daß dessen gegenwärtiger Aufenthalt unbekannt war."

In dem Schreiben wurde das Gesuch C. L. Alberts unterstützt, der Klosterdirektion den Verkauf des Hofes Alberts/Nebels zu empfehlen, wobei die Rechtsverhältnisse des Klosters St. Michaelis gewahrt bleiben müßten.

1828 – Wilhelm Hellmann übernahm den Hof bei Versteigerung.

Die Klosterdirektion hatte dem Verkauf des Albertschen, nachmals Nebelschen Hofes, zugestimmt. Am 23. Juli 1828 war der meierrechtliche Vollhof meistbietend bei drittem und letztem Gebot für 1760 Reichstaler von dem Ökonom und Verwalter Wilhelm Hellman gekauft worden.

Die Versteigerung hatte bei Amt zu Winsen/L. stattgefunden. Wilhelm Hellmann war Meier und Vollhöfner geworden.[100]

---

100) Stadtarchiv Lüneburg, Kloster St. Michaelis, D. 87, Nr. 9

Geschichte des Hofes Nr. 5

1828

„Hauswirth" Wilhelm Hellmann stellt Antrag auf Schankerlaubnis.

Schon drei Monate nach Übernahme des dem Kloster St. Michaelis zu Lüneburg gehörenden Hofes in Ochtmissen von dem Erbzinsmann Alberts hatte Wilhelm Hellmann ein Gesuch an die Königlich Großbritannisch Hannoversche Landdrostei mit der Bitte um Schankerlaubnis gerichtet. W. Hellmann hatte zur Begründung angegeben, daß der Hof durch den mehrfachen Wechsel seiner Bewirtschafter in einer kurzen Reihe von Jahren sehr vernachlässigt gewesen sei. Das Land sei wie rohes Heideland gewesen, und der Viehbestand hätte aufgefüllt werden müssen.

Zur Deckung der hohen Kosten, die zur Verbesserung des Hofes notwendig wären, sei er auf zusätzliche Einnahmen angewiesen.

In seinem Gesuche vom 22. November 1828 führte W. Hellmann u. a. aus, daß der bereits im Dorfe vorhandene Krug einen „gewöhnlichen Bauernverkehr" habe und daß er, Hellmann, in seinem Nebenkruge nur die „Honoratioren von Lüneburg" zu bewirten gedenke, so daß dem Dorfkruge kein Abbruch getan werde.

Die Genehmigung erhielt W. Hellmann am 20. Januar 1829 mit folgenden Auflagen:

Konzession auf dreieinhalb Jahre vom 01.01.1829 bis 01.07.1833 zum Ausschank von Getränken an die sein Haus besuchenden Honoratioren. Voraussetzung:

1. Daß er sich der eigentlichen Krugwirtschaft gänzlich enthält, mithin andere Fremde weder zu beherbergen noch Gäste, welche nicht zu der „Classe der Honoratioren zählen", zu bewirten sind.

2. Daß eine jährliche Recognition von einem Taler rücksichtlich welcher ein vorschriftsmäßiges Einnahmeverzeichnis einzusenden ist, in die Rentenkasse des Königlichen Amtes bezahlt wird.

Bei Verstoß wird die Konzession entzogen.[101]

1834

Ablösung vom Schnedezehnten

Auf dem Hofe lagen noch Rechte des teilweisen Schnedezehnten der Frau Sophie, Henriette Schnelle geb. Eberhardi zu Clentze.

Zur Ablösung dieser Rechte durch einen Geldbetrag wurde ein Ablösungs-Rezeß abgeschlossen.

Nach diesem Rezeß waren für den Schmalzehnten der auf dem Hofe gedachten Schafe und für den Kornzehnten bei einem zehntpflichtigen Landanteil von 100 Morgen 930 Taler als Ablösesumme zu zahlen.

(Der Gesamtbetrag war mit dem Hofe derer von Dassel zu teilen gewesen, die bei einem Landanteil von 52 Morgen 470 Taler zu zahlen hatten.)

Am 05.02.1834 war dieser Vertrag bestätigt worden.[102]

---

101) Archiv Ldkr. Lüneburg, Akte Ochtmissen, Fach 172.10
102) Archiv Ldkr. Lüneburg, Akte Ochtmissen, Fach 283.50

1840 wurde der Hof Nr. 5 gutsherrnfrei

Der Ablösungsvertrag lautete:

Ablösungs-Receß

zwischen dem Verwalter Wilhelm Hellmann zu Lüne, als verpflichtetem Besitzer eines vom Kloster St. Michaelis zu Lüneburg meierrechtlich relevirenden Vollhofes zu Ochtmißen, königlichen Amtes zu Winsen a. d. Luhe einerseits, und dem Kloster St. Michaelis zu Lüneburg als Berechtigtem andererseits, ist wegen Ablösung des Meierverbandes folgender Receß im Wege gütlicher Vereinbarung abgeschlossen.

§ 1

Dem Kloster St. Michaelis zu Lüneburg steht die Gutsherrschaft über den Hellmannschen Vollhof zu Ochtmißen zu, und ruhen auf dem verpflichteten Hofe namentlich folgende gutsherrliche Lasten und Abgaben.

A An barem Gelde
1. *Dienstgeld, jährlich*   13 *Rthl* 16 *ggr* 11 *& Courant*
2. *Hühnergeld, jährlich*   – *Rthl* 2 *ggr* 4 *& Courant*
3. *Hofschweinegeld, jährlich*   – *Rthl* 13 *ggr* 8 *& Courant*
4. *Der Weinkauf, einschließlich des s.g.*
    Hand- und Stiefelthalers   10 *Rthl*   *Cassen-Mze*
5. *Consensgelder bei Ehestiftungen,*
    und Altentheilsbeschreibungen   2 *Rthl* 18 *ggr*   *Cassen-Mze*
6. *Consensgelder bei Fällung*
    harten Holzes à Stamm   – *Rthl* 3 *ggr*   *Cassen-Mze*

B An Naturalien
7. *Die jährliche Abgabe von 30 Himten*
    Rocken Neubraunschweig'scher Maße
8. *10 Himten Gerste*   – " –
9. *Die Verpflichtung, jährlich einen*
    Windhund auszufüttern.

C An Diensten
10. *6 Spanndienste, bisher celuirt*
    mit   4 *Rthl* 13 *ggr* 8 *& Courant*
11. *Angemessene Wildfuhrdienste,*
12. *Angemessene Mähedienste,*
13. *Angemessene Jagdtreiberdienste, ferner*
14. *Der Heimfall.*

Bei Lieferung der Kornabgaben empfängt der Verpflichtete an Pröven 3 ggr, 5 & – bei Einzahlung der Geldgefälle ebenfalls 3 ggr 5 &.

§ 2

Sämtliche gutsherrliche Lasten und Abgaben des Hellmannschen Vollhofes werden vom 1ten Januar 1841 an für ewige Zeiten abgestellt.

§ 3

Der Y Hellmann entschädigt das Kloster St. Michaelis dieserhalb durch Auszahlung eines Ablösungs-Capitals von 1500 Rthl Courant (Eintausend fünfhundert Thaler Courant).

Geschichte des Hofes Nr. 5

Das Capital wird in groben Courant, nicht unter 1/6 Stücken und in einer Summe dem berechtigten Kloster 6 Monate nach Bestätigung dieses Ablösungs-Recesses mit Zinsen zu 4 % gezahlt.

§ 4

Alle Gegenleistungen des berechtigten Klosters und namentlich die bei Ablieferung der Geld- und Korngefälle dem Pflichtigen zu prästirenden Pröven sind bei der vergleichsweise stattgehabten Festsetzung des Ablösungs-Capital-Betrages mit berücksichtigt, und iessieren mit dieser Ablösung gänzlich.

§ 5

Beide Theile sind darüber einverstanden und erklären ausdrücklich, daß, auch wenn die Lasten und Abgaben des Hellmannischen Vollhofes bei dieser Ablösung unrichtig oder unvollständig angegeben oder berechnet sein sollten, dennoch weder eine Erhöhung noch Herabsetzung des Ablösungs-Capitals eintreten, sondern gegen das stipulirte Capital von 1500 Rthl der Hellmannsche Meierverband mit allen daraus originirenden Verpflichtungen und Rechten unwiderruflich und unabänderlich abgestellt sein solle.

§ 6

Die durch diese Ablösung erwachsenden Kosten hat der Provocant Hellmann allein zu tragen.

Dessen zu Urkunde ist dieser Receß vierfach ausgefertigt, und von beiden Theilen unter Verzichtsleistung auf alle dawider vorzubringenden Einreden, eigenhändig vollzogen.

So geschehen, Lüne, den 3ten Dezember 1840

Unterschrift: Wilhelm Hellmann

Bestätigt durch Unterschrift vom Königl. Rat Barckhausen und dem Directorium des Klosters St. Michaelis v. 03.12.1840, Wense und Knesebeck.[103]

Auf dem Hofe Hellmann hatte auch eine Ablöseschuld gegenüber der Witwe Sophie Henriette Schnelle geb. Eberhard zu Clentze gelegen, die mit dem Ablösungsrezeß vom 5. Febr. 1834 erledigt worden war.[104]

---

103) Stadtarchiv Lüneburg, Mich. D 87, Nr. 10
104) Archiv Ldkr. Lbg., Ochtmissen, Fach 283.50

Geschichte Doppelhof Nr. 2 und 5

Wilhelm Hellmann war Doppelvollhöfner geworden

1859

Der Vollhöfner Wilhelm Hellmann hatte im Jahre 1859 einen gutsherrnfreien Vollhof (Nr. 2 des Martin Christoph Meyer) in Ochtmissen für seinen einzigen erwachsenen Sohn für „zwanzig und einige tausend Taler" als zweiten Vollhof angekauft und „einen erheblichen Teil des Kaufgeldes aus eigenen Mitteln bezahlt".

Der Kaufvertrag wurde hier bisher nicht gefunden. Da jedoch der Vollhof Nr. 2 in Ochtmissen seit 1859 nicht mehr einzeln genannt wurde, ist es sicher, daß es der „Meyersche Hof" war.

Diese Angaben hatte Wilhelm Hellmann in einem Gesuche an das Königliche Amt Lüne gemacht, in dem er um Beihilfe für ein tödlich verunglücktes Pferd gebeten hatte, das bei einer militärischen Übung in der Nähe seines Hofes in Ochtmissen im Jahre 1861 beim Feuern eines Geschützes gescheut und sich dabei das Genick gebrochen hatte.

Für das verunglückte Pferd hatte Wilhelm Hellmann im Gnadenwege eine Vergütung von 100 Talern erhalten.[105]

Der Hellmannsche Vollhof war aber seit 1859 zum Doppelvollhof mit dem Hof Nr. 2 vereinigt worden.

Beide Höfe sind fortan unter einer Hand im Hofe Nr. 5 bewirtschaftet worden. Das Gutshaus Nr. 2 hatte später als Wohnung und Lagerraum für Erntevorräte gedient.

Im Zuge der Besiedlung des Ortes wurden die Gebäudereste abgetragen und die Grundstücke dieses Bereiches zum Bau von Wohnhäusern verkauft, die heute an die Bernsteinstraße vom Osten her angrenzen.

1860

Im Jahre 1860 war Wilhelm Hellmann Ortsvorsteher in Ochtmissen und im Jahre 1877 wurde sein Sohn August Hellmann als Ortsvorsteher genannt, der dieses Amt bis zum Jahre 1911 ausgeübt hatte.[106]

1903

Die Verkopplung in Ochtmissen war auf Antrag des Ortsvorstehers und Doppelvollhöfners August Hellmann eingeleitet und etwa 1903 beendet worden. Die Gesamtgröße des Areals dieses Hofes betrug:

137 ha, 92 ar und 56 qm.

Die einzelnen Schläge lagen in den Flurstücken:

Am alten Immenzaun, Die Heidkoppel, die Kemnau, Die Moorkoppel, Im Dorfe (Gutshof Nr. 5), Kamp, Kronskamp, Marschberg, Medebeck, Melkberg, Pferdehüttenwiese, Redder, Unter dem Dorfe (Gutshof Nr. 2), Wiesenhof, Witthöftskamp, Ziegelhof und Zwischen weißem und schwarzem Berge.[107]

---

105) Archiv Ldkr. Lüneburg, Akte Ochtmissen, Fach 156.21
106) Archiv Ldkr. Lüneburg, Akte Ochtmissen, Fach 709.6 (Bürgermstr.)
107) Kat.-Amt Lüneburg, Grundbuch Ochtmissen

Geschichte des Doppel-Vollhofes Nr. 2 und 5

1920

Paul August Hellmann war verstorben und hatte keine Nachkommen hinterlassen. Den Doppel-Vollhof übernahm dann Bruno Hellmann. Er war ein Sohn der Schwester des Paul August Hellmann.[108]
Bruno Hellmann hat den Hof ebenfalls als Doppel-Vollhof weiterbewirtschaftet.

1952

Im Sommer 1952 hatte bei einem schweren Gewitter ein Blitz in die große Scheune des vormals Meyerschen Hofes Nr. 2 eingeschlagen und diese in Brand gesteckt. Sie war niedergebrannt, wobei auch ein großer Teil des Maschinenparks vernichtet worden war.
Den Feuerwehren von Ochtmissen, Bardowick und Vögelsen war es nur möglich gewesen, die nahestehenden, teils mit Stroh gedeckten Häuser vor dem Feuer zu retten.[109]

1961

Die Ehe des Bruno Hellman war kinderlos geblieben, und er hatte sich entschlossen, den Doppel-Vollhof an die Stadt Lüneburg zu verkaufen. Der Kaufvertrag wurde 1961 abgeschlossen. Die Stadt Lüneburg kaufte den Doppelvollhof Nr. 2 und 5 gegen eine Leibrente in der Höhe des Gehalts eines Regierungspräsidenten.

Der aus Ostpreußen stammende Bauer Friedrich Dietrich pachtete und bewirtschaftete den Hof bis zu seinem Tode im Jahre 1978.

1979

Mit dem Tode des Friedrich Dietrich im Jahre 1978 war der Pachtvertrag erloschen. Im Jahre 1979 ging der Hof an die Stadt Lüneburg zurück.
Die Stadt Lüneburg hat jedoch den Doppel-Vollhof nicht mehr verpachtet, sondern aufgelöst!

Damit hatte dieser uralte Doppel-Vollhof als größte landwirtschaftliche Einheit Ochtmissens aufgehört zu existieren.

Das Gutshaus mit den umliegenden Grundstücken und einem Teil Ackerland erhielt die Stiftung Sonnenhof in Erbpacht.
Das andere Land in den Fluren der Feldmark zu Ochtmissen verpachtete die Stadt Lüneburg an Bauern in Ochtmissen.

1980

Die Witwe Paula Hellmann des vormaligen Doppel-Vollhöfners Bruno Hellmann hatte testamentarisch ihr gesamtes Vermögen nach ihrem Ableben der Stadt Lüneburg vermacht. Nach ihrem Tode konnte die Stadt Lüneburg dieses Erbe in Höhe von etwa 2 Millionen DM im Jahre 1980 empfangen.[110]

---

108) Kat.-Amt Lüneburg, Grundbuch Ochtmissen
109) Chronik Feuerwehr Ochtmissen
110) Lüneburger Landeszeitung 29./30. März 1980

Geschichte des Hofes Nr. 6

1360

Der Vollhof wurde im Jahre 1360 durch Herzog Wilhelm von Braunschweig und Lüneburg dem Ritter Luder von dem Berge laut Lehnbrief von 1360, Seite 89, Nr. 540 zu Lehen gegeben.

In obigem Lehen erhielt Luder von dem Berge insgesamt 23 Höfe und 2 Koten in 11 Dörfern; darunter auch „enen hof to Ochtmissen", den späteren Hof Nr. 6. [111])

1364

Schon vier Jahre später hatte Luder von dem Berge diesen Hof wieder verkauft. In dem Kaufvertrag hieß es:

„Ich, Luder von dem Berge, bekenne und bezeuge in diesem offenen Briefe, daß ich mit ganzem Willen und Zustimmung all meiner Erben verkauft und zu rechtem Kaufe gelassen habe Hannes Semmelbecker und seinen rechten Erben und zu jener Hand dem, der diesen Brief hat mit ihrem Willen, meinen Hof zu Ochtmissen, auf dem jetzt Vicke Stempel wohnt, für achtzig Mark, Lüneburger Pfennige, die ich von ihm redlich genommen habe und in meinen Nutzen gekommen sind. Diesen Hof habe ich ihm verkauft mit all dem Rechte, das dazugehört, mit Zins, mit Frucht, mit Acker, mit Wiesen, mit Holz, mit Feld und mit allerlei Nutzung, die dazugehört von Rechts wegen.

Beides, innen und außen, als ich und meine Erben es besessen haben bis zu diesen Tagen, damit zu tun und zu lassen, was ihr Wille, zu ewigen Zeiten zu brauchen und zu besitzen, und werde und will ihm ... als es eine Gewohnheit ist in dem Lande, wann und wo ich in dem gesehen werde, von Hannes Semmelbecker und seinen rechten Erben, und von dem, der diesen Brief hat mit ihrem Willen und verzichte und habe verzichtet allen Rechtes und aller Ansprüche, geistlich und wirklich, die ich und meine Erben daran hatten und haben mochten, daß der vorbenannte Hannes Semmelbecker oder seine Erben jemand hinderte, von meiner oder meiner Erben wegen an diesem verschriebenen Gute, dann werde ich und will sie davon entledigen mit meinen Mitgelobern, die hiernach geschrieben stehen, wenn ich dazu ... werde. Alle diese Dinge gelobe ich, Luder von dem Berge, und meine rechten Erben mit meinen Mitgelobern, mit Herrn Werner von dem Berge, Ritter, Dietrich von Eldinge dem Älteren, Segebande von dem Berge Herrn Geverdes Sohn, Geverd von dem Berge Borgerdes Sohne, dem vorbeschriebenen Hannes Semmelbecker und seinen rechten Erben und zu derer Hand, dem der diesen Brief hat mit ihrem Willen in guter Treue mit einer sammeten Hand stets und fest zu halten ohne irgendwelchen Bruch und Arglist ... und Hilferede.

Und wir, Herr Werner von dem Berge, Ritter, Dietrich von Eldinge der Ältere, Segeband von dem Berge Herrn Geverdes Sohn, Geverd von dem Berge Borgerdes Sohn, bekennen in diesem Briefe, daß wir gelobt haben und loben, mit Luder von dem Berge für ihn und seine Erben in guter Treue mit einer sammeten Hand wir alle und unser ein jeder besonders, mit unsern rechten Erben, Hannes Semmelbecker und seinen rechten Erben und zu seiner Hand, dem der diesen Brief hat, mit seinem Willen, alle diese verschriebenen Dinge stets und fest zu halten. Zu seiner Bedeutung haben wir unser Insiegel mit Luder von dem Berge an diesen Brief gehängt. Der ist geschrieben nach Gottes Geburt tausend Jahr, dreihundert Jahr, in dem vierundsechzigsten Jahre. In Sankt Matthias Tage des heiligen Apostels."

An dieser Urkunde hängen fünf Siegel in angegebener Reihenfolge. – 25. Februar 1364 –

---

111) Archiv Kloster Lüne, Urkunde Nr. 333

Geschichte des Hofes Nr. 6
1367

Etwa dreieinhalb Jahre nach dem Verkauf des Vollhofes durch Luder von dem Berge an Hannes Semmelbecker hatte Dietrich von dem Berge seine Zustimmung zu diesem Verkauf gegeben.

In einer Urkunde vom 1. November 1367 versichert Dietrich von dem Berge, der Sohn Hinrichs, daß der Verkauf des Hofes zu Ochtmissen durch Luder von dem Berge an Hannes Semmelbecker mit seinem Willen und Zustimmung seiner rechten Erben geschehen sei, und daß weder er noch seine rechten Erben oder von seiner Seite her jemand ein Recht an dem Hofe behalten hätte. Sollte dennoch jemand ein Recht an dem Hofe beanspruchen, würde er mit seinen Freunden, die den Kaufvertrag besiegelt hatten, nach Lüneburg reiten und von da nicht zurückkommen, bis das erledigt sei.

Dietrich von dem Berge gelobte, mit seinen Vettern und Freunden, die den Kaufvertrag besiegelt hatten, alle verschriebenen Stücke, die dem Hannes Semmelbecker und seinen rechten Erben zu treuer Hand gehören, seine Zustimmung fest zu halten ohne jedweden Bruch oder Arglist.

Zu einer offenbaren Bedeutung seines Versprechens hatte er sein Insiegel an die Urkunde gehängt.

Das war geschehen nach Gottes Geburt tausend Jahr, dreihundert Jahr, in dem siebenundsechzigsten Jahre. In aller Gottes heiligem Tage. — 1. November 1367 —

Die Urkunde ist mit dem grünen Siegel Dietrichs von dem Berge versehen.[112]

---

112) Archiv Kloster Lüne, Urkunde Nr. 347

Geschichte des Hofes Nr. 6

1389

Im Jahre 1389 wurde dieser Hof wieder von den Brüdern Semmelbecker verkauft, und zwar an den Lüneburger Bürger Hans Elvers.
Der Kaufvertrag war am 1. August 1389 abgeschlossen worden.

Danach verkauften Johann Semmelbecker, Ratmann zu Lüneburg, und Clawes, sein Bruder, gleichfalls Bürger in Lüneburg, nach eingehender Beratung und mit Zustimmung ihrer Erben den Hof zu Ochtmissen, auf dem zu dieser Zeit Henneke Ficken, Stempels Sohn, wohnte, an den Lüneburger Bürger Hans Elvers, mit Acker, Feld, Holz, Weide, Wiesen und Wasser, mit und ohne Besetzungen, mit Vogtei, mit Hofdienst und weiteren dazugehörigen Rechten wie der Hof lag und bis zum Verkauf gebraucht worden war, seit er vom Vater geerbt wurde.
Alle zugehörigen Rechte dieses freien Gutes sollten gewahrt bleiben. Die Brüder Semmelbecker und ihre Erben behielten sich keinerlei Anspruch mehr auf den Hof vor.
Hans Elvers und seine Erben sollten mit dem Hofe und seinem Zubehör tun und lassen was sie wollten bis zu ewigen Zeiten ohne jemands Kümmernis oder Widerspruch.
Johann Semmelbecker, Ratmann zu Lüneburg, und sein Bruder Clawes, Lüneburger Bürger, gelobten Hans Elvers und seinen Erben alle die in dem Briefe mit seinem Willen verschriebenen Stücke stets fest und unverbrüchlich treu zu halten ohne jederlei Hindernisse, Hilferede oder Arglist.
Zur größeren Bedeutung der Urkunde hatten Clawes und Johann Semmelbecker ihre Insiegel angehängt.
Der Vertrag war gegeben nach Gottes Geburt dreizehnhundert Jahr danach in dem neunundachtzigsten in Sankt Peters Tage in Vinculis.
– 1. August 1389 –
Angehängt zwei Siegel der Semmelbecker.[113]

In obiger Urkunde tauchte zum ersten Male der Hinweis auf, daß es sich hier um einen freien Hof handelte. Daraus darf geschlossen werden, daß der Hof auch nach dem Verkauf durch Luder von dem Berge frei geblieben war, und daß die Herren von dem Berge keine Grundherrnrechte mehr auf diesem Hofe besaßen.

Hier ist bisher nicht bekannt, wie lange die Familie Elvers auf dem Hofe Nr. 6 gesessen hat. Auch über deren unmittelbare Nachfolger fanden sich hier keine Hinweise.

Einer der Nachfolger ist die Familie von Tzerstedt gewesen, die auch unter Thorstedt zu finden ist! Sie haben einen Hof in Ochtmissen besessen, bei dem es sich nur um diesen Hof Nr. 6 handeln kann; denn die Grundherren der anderen 6 Höfe zu Ochtmissen sind hier vom 14. Jahrhundert bis zur Ablösung von der Grundherrnschaft erfaßt.[114]

---

113) Volger, Urk.-Buch d. Stadt Lüneburg, Band III, Urk. 1235
114) Manecke, Bd. I, 267, Bd. II, 481

Geschichte des Hofes Nr. 6

Über den Vollmeierhof enthält das Lagerbuch des Amtes Winsen von 1681 aufschlußreiche Angaben, aus denen auch zu schließen ist, daß dieser um jene Zeit von einem Bauern bewirtschaftet wurde, der dem Gutsherrn dienstpflichtig war, wie nachstehend ausgeführt wird:

Karsten Beecke	Gutsherr Zarstedte (v. Therstedt oder v. Thorstedt?) in Lüneburg; Zehntherr Tönning in Lüneburg;
Land:	90 Himtsaat, 4 Fuder Heu, 2 Pferde, 14 Kopf Rindvieh, 5 Schweine, 60 Schafe;
Abgabe:	1 Taler 3 Schilling Zins, 48 Himten Roggen, 60 Himten Gerste dem Gutsherrn; dient dem Gutsherrn ungemessen; außerdem dient er der Herrschaft wöchentlich 1 Tag mit Pferd und Wagen und 1 Tag mit der Hand. [115]

Beim Namen des Gutsherrn Zarstedt darf angenommen werden, daß es sich um einen Herrn von Tzerstedt, geschrieben auch von Thorstedt, handelte.

Nach den Herren von Tzerstedt war der Hof in die Hand der Familie von Töbing gekommen. Im Jahre 1694 war die Witwe des Leutnants v. Töbing Besitzerin des Hofes, den sie an den Rittmeister v. Braunschweig verpachtet hatte. [116]

Durch Heirat kam der Hof an die Familie v. Dassel. Am 2. Mai 1780 hatte sich die am 23.05.1763 geborene Elisabeth Henrietta von Töbing mit dem Barmeister der Saline zu Lüneburg, Hartwig von Dassel vermählt.

Das Gutshaus des Vollmeierhofes ließen Hartwig und Henrietta v. Dassel im Jahre 1785 neu errichten. An der nach Osten stehenden Giebelseite ließen sie in einen Querbalken ihre Namen und die Jahreszahl einschnitzen.
Das Haus steht heute noch und ist mit seinem geschmackvollen Fachwerk eine Zierde des Dorfes.[117]

Erbe dieser beiden war ihr im Jahre 1785 geborener Sohn Hartwig Johannes Staats von Dassel, der den Hof bis zu seinem Tode im Jahre 1852 besaß.[118]

---

115) Rüther/Schulz-Egestorf, d. Lagerbuch d. Amtes Winsen v. 1681, S. 51 ff
116) Nds. Hpt-Staatsarchiv Hannover, Hann. 74, Winsen/L, Nr. 10
117) Biens, Friedrich, Lüneburg, d. Hof Nr. 6 in Ochtmissen
118) Archiv Ldkr. Lüneburg, Akte Ochtmissen, Fach 222.10

Geschichte des Hofes Nr. 6

1834
Ablösung vom Schnedezehnten.

Frau Sophie Henriette Schnelle geb. Eberhardi zu Clentze war im Besitze von teilweisen Zehntrechten auf dem Hofe des Staats von Dassel.
Deren Ablösung mit einem Geldbetrag wurde in einem Ablösungsprozeß abgeschlossen.
Danach waren für den Schmalzehnten der auf dem Hofe gedachten Schafe und für den Kornzehnten bei einem zehntpflichtigen Landanteil in Größe von 52 Morgen als Teilbetrag 470 Taler Ablösegeld zu zahlen. (Der Gesamtbetrag hatte 1400 Taler betragen, der mit Hof Hellmann zu teilen gewesen war, und der 930 Taler zu zahlen hatte.)
Am 05.02.1834 war der Vertrag abgeschlossen worden.[119]

1873
In einer Verhandlung über Abtretung von Grundstücken für den Eisenbahnbau Lüneburg-Buchholz hatte für den Hof Nr. 6 der Hptm. a. D. Albrecht von Dassel aus Ochtmissen namens „der fürstlichen Erben des Meierhofbesitzers Lt. a. D. v. Dassel" teilgenommen.[120]

1903
Um diese Zeit war der Zoll-Assistent Konrad Adolf Karl von Dassel Besitzer des Hofes.
Nach der Verkopplung hatte der Hof ein Areal von

61 ha, 79 ar und 89 qm.

Die einzelnen Schläge lagen in den Flurstücken:
Im Dorfe (Hofgrundstück), An dem Breitenwiesenkamp, An der Buntenburg, An der Vögelser Rinne, Butterberg, Heidkoppel, Krohnskamp, Lupmerfeld, Quickbaumstücke, Stupelsberg, Vickendiek.[121]

Durch Vermählung der Ida von Dassel mit dem Hptm. d. Ldw. Leonhard Schneider war der Hof in Erbe auf die Familie Schneider gekommen. Aus dem „von Dasselschen Hofe" war dadurch der „Schneidersche Hof" geworden.

1911
Im Jahre 1911 war Hartwig Schneider Besitzer des Hofes. Kurz nach dem ersten Weltkriege hatten Landverkäufe des Hofes begonnen. Im Jahre 1925 hatte der Hof noch eine Größe von etwa 45 ha, 1928 noch etwa 40 ha und 1929 waren es noch 18 ha, bis schließlich 1931 noch 1.50 ha übriggeblieben waren.[122]

1929
Adalbert Hartwig Schneider hatte den Rest seines Hofes an den Rittmstr. a. D. Herbert Knöhr verkauft. Der Hof war aufgelöst worden! Das Ackerland hatten Bauern aus Ochtmissen zum Teil gekauft; einen Teil erwarben die Stadt Lüneburg und die Stiftung zum Großen Heiligen Geist.[123]

---

119) Archiv Ldkr. Lüneburg, Akte Ochtmissen, Fach 283.50
120) Archiv Ldkr. Lüneburg, Akte Ochtmissen, Fach 262.50
121) Kat.-Amt Lüneburg, Flurbuch Ochtmissen 1903, Bd. I, Bl. 6, Haus 6
122) Kat.-Amt Lüneburg, Flurbuch Ochtmissen 1903, Bd. I, Bl. 6, Haus 6
　　　Stadtarchiv Lbg. Liegenschaftsamt, Nr. 2634
123) Biens, Friedrich, Lüneburg, „Der Hof Nr. 6 in Ochtmissen"

Geschichte des Hofes Nr. 7

1410

Die Ritter von dem Berge hatten diesen Vollhof als freien Hof besessen. Von denen war er an das Stift St. Petri und Pauli zu Bardowick verkauft worden, mit ihm auch Höfe in anderen Dörfern.

Im Jahre 1410 hatte Warner von dem Berge dem Verkauf der Güter in Ochtmissen, Brietlingen, Wittorf, Vögelsen und Mechtersen durch seine Vorfahren an das Kapitel zu Bardowick feierlich zugestimmt und seine Ansprüche, wie auch die seiner Erben, auf diese verkauften Güter für ewige Zeiten aufgegeben.

Die Urkunde, in der auch der Hof zu Ochtmissen aufgeführt ist, sei im folgenden ungekürzt wiedergegeben:

„Ich, Warner von dem Berge, Knappe, Hansens Sohn, dem Gott gnädig sei, bekenne öffentlich in diesem Briefe vor allen denjenigen, die ihn sehen, hören oder lesen, daß ich mit Willen und Zustimmung aller meiner Erben, die nun sind oder noch geboren werden mögen, und alle von dem Berge mit wohlberatenem Munde bewilligt und zugestimmt haben, alle die Briefe, die meine Eltern, mein Vater und mein Bruder gegeben haben auf das erbfreie Gut, als einen Hof zu Ochtmissen, auf dem jetzt Heine Radeken wohnt, einen Hof zu Brietlingen, einen Hof zu Wittorf, den jetzt Meineke Ratbruch hat, das sie dem Dekan und Kapitel-Herrn zu Bardowick zu Erbkauf und zu ewigen Zeiten verkauft haben. Ich noch meine beschriebenen Erben einbehalten uns daran keinerlei Zusprache mehr, noch Recht, Richte, Nutz oder Zubehörigem; und tun und haben einen rechten Verzicht zu ewigen Zeiten getan, wie die darüber gegebenen Briefe ausweisen, die auch in voller Kraft und Macht bleiben und gewesen sein werden. Wollte einer dazu Ansprüche oder Nachforderungen von mir oder meinen Erben, so werde ich oder meine beschriebenen Erben die Rechte des Gutes zu wahren wissen, wann, wer und wo sie das von uns fordern oder fordern lassen, vor allen denjenigen, die vor Recht kommen wollen.

Auch so bewilligen und bestimmen ich und meine beschriebenen Erben: alle die Briefe, die mein Vater Hinrich von dem Berge, Dietrichs Sohn, dem Gott Gnade gegeben hat, auf das Gut, das er dem beschriebenen Dekan und Kapitel-Herrn zu Bardowick, als auf dem Eichhofe zu Vögelsen, der Hergers Sohne, und einen Hof zu Mechtersen, da Hork darauf wohnt, als freies Erbgut verkauft hatte, zu ewigen Zeiten treulich zu besitzen.

Ich, noch meine Erben, einbehalten uns in beschriebener Weise daran keinerlei Zusprache, noch Recht, noch Richte, Nutz oder Zubehörigem. Und wir taten dessen auch einen rechten Verzicht zu ewigen Zeiten. Alle diese beschriebenen Stücke zusammen und ein „ißlick" besonders, gelobe ich, vorbenamter Warner von dem Berge, für mich und meine vorbeschriebenen Erben dem vorbeschriebenen Dekan und Kapitel-Herren zu Bardowick zu ewigen Zeiten stets und fest zu halten in guter Treue ohne alle Listen gänzlich unverbrüchlich. Des zu großer Wissenheit und Urkunde habe ich mit meinem Willen mein Insiegel an diesen Brief hängen lassen.

Gegeben Lüneburg, nach Gottes Geburt 1410. Alban." [124]

---

124) Christian Schlöpken, Chronik von Bardowick, S. 323/324

Geschichte des Hofes Nr. 7

Mit dem Erwerb des freien Hofes zu Ochtmissen, den um 1410 Heine Radeken bewirtschaftet hatte, war auch die Grundherrnschaft über diesen Hof in die Hand der Stiftskirche zu Bardowick gekommen.

1570

Aus einem Schreiben des Bischofs zu Lübeck und Verden vom Jahre 1570 ging hervor, daß dieser Hof zugleich ein Meierhof war.

Darin hieß es u. a.:

„Desselben Suchen umb Arrestierung etlichen Korns, so bey des Capitels zu Bardewick Meyer zu Ochtmissen fällig, darzu Er Gerechtigkeit zu haben vermeinet."

Den Meierhof hatte zu dieser Zeit Hartwig Gutbrodt bewirtschaftet.

In der Angelegenheit des vom Bischof geforderten Roggens hatten sich Dekan, Prior und Capitel für den Meier eingesetzt und nachgewiesen, daß der inzwischen verstorbene Hartwig Gutbrodt jährlich sechs halbe Wichimten Roggen entrichtet habe, was auch dem Stift Verden und dem Bischof im Bericht des Kapitels mitgeteilt worden sei. Auch die Möglichkeit wurde erwähnt, daß das Stift Verden vom dortigen Amtmann Habrick zu „nottrufftelich" unterrichtet worden sei über die Roggenlieferungen des Meierhofes zu Ochtmissen.

Letztlich wurden auch die Gaben des verstorbenen Meiers Hartwig Gutbrodt für das Kapitel zu Bardowick genannt, die er zu Lebzeiten „fundiert" habe.

Eine gütliche Regelung für den Sohn und Nachfolger des Hartwig Gutbrodt wurde erbeten, damit dieser nicht Hof und Haus verlassen müsse und ausdrücklich daran erinnert, daß nach der Hofgerichtsordnung keine Sache von „Kummer und Execution" ausgefochten werden dürfe, die zum Verlassen von Haus und Hof führe. Der abschließende Bericht war datiert vom 29. August 1572.[125]

Im Winsener Lagerbuch von 1681 ist ausgeführt, daß zu dieser Zeit der Bauer Hans Vindorf den Vollmeierhof bewirtschaftet hat, dessen Landanteil, Viehbestand, Abgaben und Dienste wie folgt aufgeführt sind:

Hans Vindorf Pächter Borgfelds Erben in Lüneburg;
Gutsherr Kapitel zu Bardowick;
Zehntherr St. Nikolaihof und vormal. Bistum Verden je zur Hälfte;

Land: 132 Himtsaat, 3 Fuder Heu, 2 Pferde,
12 Kopf Rindvieh, 16 Schweine, 100 Schafe

Abgabe: 5 Taler Dienstgeld dem Kapitel in Bardowick, 1 Taler 3 Schilling Zins,
30 Himten Roggen, 12 Himten Gerste dem Gutsherrn;
dient der Herrschaft wöchentlich 1 Tag mit Pferd und Wagen und 1 Tag mit der Hand.

Nach einem Bericht der Vogtei Bardowick vom Jahre 1694 war als „Wirt" Lorenz Gottespfennig auf diesem Hofe.[126]

---

125) Hauptstaatsarchiv Hann. Celle, Br. 33, Nr. 2 (1570 - 72)
126) Rüther/Schulz-Egestorf, d. Lagerbuch d. Amtes Winsen v. 1681, S. 51;
Nds. Hpt.-Staatsarchiv Hannover, Hann. 74, Winsen/L. Nr. 10

Geschichte des Hofes Nr. 7

1840

Gesuch um gutsherrliche Einwilligung zur Heirat und Hofübernahme.

Der Gutsmann Heinrich Nicolaus Gottspenn hatte den Meierhof des Stiftes St. Petri et Pauli, Bardowick, in Ochtmissen bewirtschaftet. Bei seinem Tode hatte er neben seiner Witwe drei Kinder hinterlassen, von denen die beiden älteren taubstumm waren.[127]

Seine Witwe, Anna Maria geb. Garben, hatte sich zu alt und zu schwach gefühlt, den Hof allein weiterhin zu bewirtschaften.

In einem Gesuch an das Stift St. Petri et Pauli in Bardowick hatte sie ihre Lage geschildert und dabei darauf hingewiesen, daß ihre beiden ältesten Kinder infolge ihres taubstummen Zustandes nicht geeignet seien, dem väterlichen Hofe vorzustehen.

Aus diesem Grunde hatte die Witwe Gottspenn darum gebeten, daß ihre jüngste Tochter Maria Elisabeth den Heinrich Hermann Garben, Sohn des Altenteilers Johann Garben in Ochtmissen, heiraten dürfe, und daß nach dieser Heirat Heinrich Hermann Garben zum Meier des Gottspennschen Stiftsgutes ernannt werden möge.

Für die gutsherrliche Genehmigung der Eheschließung sei alles gerichtet gewesen. Auch für Altenteil der Mutter der Braut sowie Abfindung der beiden taubstummen Geschwister wäre gesorgt.

Heirat und Hofübernahme wurden wie folgt beschrieben:

"Der Bräutigam Heinrich Hermann Garben zieht nach der Trauung zur Braut auf deren väterlichen Hof zu Ochtmissen und bewirtschaftet denselben gemeinschaftlich.

Der Bräutigam bringt aus seinem väterlichen Hofe zu Ochtmissen laut Klosterbuchs-Scheines des Stiftes St. Nicolai vor Bardowick, Lüneburg, vom 25. November 1840 der Braut zu:

Vierhundert Thaler, alter Hannoverscher Cassen, welche bei der Hochzeit ausgezahlt werden,
ein aufgemachtes Bett,
ein Kistenpfand sechs um sechs nach Landesgebrauch,
einen Köffer und
eine Ehrenmahlzeit.

Unter den Eheleuten findet die Regel: " längst Leib – längst Gut" statt, nach welcher bei dem kinderlosen Ableben des einen Ehegatten der Überlebende Erbe des Verstorbenen wird."[128]

Der Vertrag war am 28.11.1840 geschlossen und beim Stift zu Bardowick unterzeichnet worden.

Heinrich Hermann Garben hat später den Hof in Ochtmissen bewirtschaftet und übernommen.

---

127) Lt. Tauf-Reg. d. Nikolaikirche Lbg. v. 19.01.1776 lautet der Name: Heinrich Nicolaus Gottespfennig; bei Eintragung seiner Tochter Maria Elisabeth am 01.06.1814 heißt es: Vater Heinrich Nicolaus Gottspenn zu Ochtmissen, Mutter Anna Maria geb. Garben

128) Archiv Ldkr. Lbg., Gem. Ochtmissen Fach 242.26

Geschichte des Hofes Nr. 7

1845
Ablösungen des Meierhofes von der Grundherrnschaft.

Die Ablösung des Hofes vom Stift St. Petri et Pauli zu Bardowick lautete:

„Kund und zu wissen, daß zwischen dem Stifte St. Petri et Pauli zu Bardowick und dem Vollhöfner Heinrich Hermann Garben zu Ochtmissen, Königlichen Amts Winsen a. d. Luhe, im Wege gütlicher Vereinbarung der nachfolgende Ablösungs-Receß zustande gekommen und unwiderruflich abgeschlossen worden ist.

§ 1

Der Vollhöfner Heinrich Hermann Garben ist pflichtig, dem Stifte Bardowick Kirchen- und Canonicats-Dienste zu leisten.

Die Kirchendienste werden zu den Bauten und für die sonstigen Bedürfnisse der Kirche, die Canonicatsdienste aber zum Besten eines Canonicus, welchem der Dienstpflichtige überwiesen ist, abgeleistet.

So viel den Umfang der Dienstpflicht betrifft, so sind die Dienste mit zwei Pferden zu verrichten und zwar die erstgenannten alljährlich an 5 bis 6 Tagen, die letzteren an 26 Tagen. Zur Ableistung des Kirchendienstes bestand früher ein Dienstverband mehrerer Pflichtigen, infolgedessen die einzelnen nach einer gewissen Reihenfolge zum Dienen aufgerufen wurden.

An Pröven sind dem Dienstmeier im Canonicatsdienste 4 ggr 6 & alter Cassen-Münze, im Kirchendienste 1 ggr 6 & verabreicht.

§ 2

Beide Theile sind dahin übereingekommen, daß die vorhin genannte Dienstpflicht in ihrer ganzen Ausdehnung nebst den Gegenleistungen mit dem 1. Januar 1845 aufhören und auf ewige Zeiten durch Zahlung eines Capitals abgelöst werden soll.

§ 3

Es verspricht nämlich der Vollhöfner Garben für die Abstellung des Canonicatsdienstes den 25 fachen Betrag des zu einer jährlichen Rente von 6 Rthl cour. angenommenen Wertes, für den Kirchendienst den 25fachen Betrag von 3 Rthl, oder zusammen ein Capital von 225 Rthl cour., schreibe Zweihundertundfünfundzwanzig Courant, an das Stift zu bezahlen.

Die Einzahlung erfolgt in ungetrennter Summe am 1ten Dezember 1845, und hat der Pflichtige daneben den Wert der letztjährigen Dienstpflicht mit 9 Rthl Courant zu reluiren.

§ 4

Gegen die richtige Abführung der im § 3 bezeichneten Summe verzichtet das Stift für sich und seine jetzigen und künftigen Mitglieder und unter Genehmigung der Königlichen Kloster-Cammer zu Hannover für immer auf die Forderung von Natural- und Spanndiensten für die Kirche und Canonicate, indem es die gänzliche Abstellung derselben anerkennt. Für den Fall säumiger Zahlung aber bleiben die Rechte des Stiftes unverändert.

§ 5

Die Kosten dieser Ablösung, zu welcher die Bestätigung der Königlichen Ablösungs-Commission in Winsen a.d.Luhe nachgesucht werden soll, trägt der Pflichtige nach Maßgabe der gesetzlichen Vorschriften.[129]

---

129) Archiv Ldkr. Lbg. Akte Ochtmissen, Fach 242.26

Geschichte des Hofes Nr. 7

Beide Theile verzichten auf alle diesem Recesse zuwiderlaufenden Einreden und Ausflüchte, namentlich, daß ein allgemeiner Verzicht nicht gelte, wenn nicht ein besonderer vorausgegangen, und daß etwas anderes niedergeschrieben als verabredet.

Urkundlich dessen ist dieser Receß in vier Originalen ausgefertigt, wovon zwei für das Stift, eins für den Pflichtigen und das letzte für die Königliche Ablösungs-Commission bestimmt ist.

So geschehen Lüneburg, den 24ten Mai 1845"

Unterschriften Dr. Kraut, Dechant u. Bürgermeister zu Bardowick, und Heinrich Hermann Garben. Am 18. Oktober 1845 ist dieser Rezeß von der Königlichen Ablösungs-Commission zu Winsen/L. bestätigt worden.[130]

Auf dem Meierhof des Heinrich Hermann Garben lagen noch weitere Zehntberechtigungen, die wie folgt abgelöst werden mußten:

„Ablösungs-Receß [131])
zwischen dem Magistrat der Stadt Lüneburg für das Hospital St. Nicolaihof vor Bardowick, als Zehntberechtigten, und dem Vollhöfner Heinrich Hermann Garben zu Ochtmissen, im Wege gütlicher Vereinbarung der nachfolgende Ablösungsvertrag wohlbedächtig und unwiderruflich abgeschlossen ist.

§ 1
Dem Hospitale St. Nicolaihof steht im Ochtmissener Felde auf einem Teile des Ackerlandes des Vollhöfners Heinrich Hermann Garben zu Ochtmissen die Zehntberechtigung zu. Der Flächengehalt des dem Zehntzuge des Hospitals unterworfenen Landes beträgt ungefähr 16 Morgen. Der Vollhöfner Garben hat auf Ablösung dieses Zehnten provocirt, welche nach darüber stattgehabten Verhandlungen vereinbart ist, daß der Vollhöfner Garben ein Ablösungs-Capital von 300 Thaler, schreibe – Dreihundert Thaler – in groben Courant nach dem 14-Thaler-Fuße für die Abgeltung des Zehnten zu zahlen hat.

§ 2
Das Ablösungs-Capital der Dreihundert Thaler Courant wird von dem Vollhöfner Garben auf Michaelis 1848 in ungetrennter Summe an den Magistrat der Stadt Lüneburg ausgezahlt, wogegen die Zehntberechtigung des Hospitals St. Nicolaihof auf ewige Zeiten aufgehoben wird. Würde die Zahlung auf Michaelis 1848 nicht prompt erfolgen, so hat der Vollhöfner Garben nicht allein Verzugszinsen zu entrichten, sondern auch allen und jeden aus dem Zahlungsverzuge erwachsenden Schaden dem Magistrate zu ersetzen.

§ 3
Für die Ernte des Jahres 1848 bleibt das zehntpflichtige Land dem Natural-Zehntzuge des Berechtigten annoch unterworfen.

§ 4
Sämtliche mit der Ablösung verbundenen Kosten werden von dem Zehntpflichtigen getragen.

§ 5
Beide Theile entsagen allen und jeden erdenklichen Einreden gegen diesen Vertrag, namentlich den Einreden des Irrtums und der Verletzung über oder unter die Hälfte, oder des anders niedergeschriebenen als verabredeten Vertrages.

---

130) Archiv Ldkr. Lbg. Akte Ochtmissen Fach 242.26
131) Archiv Ldkr. Lbg. Akte Ochtmissen Fach 290.28

Geschichte des Hofes Nr. 7

Dessen zur Urkunde ist dieser Ablösungs-Receß in dreifacher gleichlautender Ausfertigung von beiden Teilen vollzogen worden, und soll derselbe der Königlichen Ablösungs-Commission zu Winsen a. d. Luhe zur Bestätigung überreicht werden.
So geschehen zu Lüneburg, den 8ten August 1848.
Der Magistrat der Stadt Lüneburg, Lindemann;
ferner geschehen zu Winsen a. d. Luhe am 25. August 1848
Unterschrift: H. H. Garben." [132]

Der Vertrag ist am 25.08.1848 von der Königlichen Ablösungs-Commission zu Winsen/L. bestätigt worden.

1879

Erst etwa 30 Jahre später, im Jahre 1879, hatte die Witwe des verstorbenen Heinrich Hermann Garben noch eine Ablösung an den Besitzer des Rittergutes Brockwinkel, den Grafen Schwiechelt zu leisten.
Der Inhalt des Vertrages lautete:

Ablösungsreceß
zwischen Graf Schwiechelt, Besitzer des Rittergutes zu Brockwinkel und der
Witwe Garben, Haus Nr. 7 zu Ochtmissen, früher Haus Gottspenn
wurde folgender Ablösungsvertrag geschlossen:

Von der Stelle Haus Nr. 7 zu Ochtmissen sind dem Besitzer des Rittergutes zu Brockwinkel, Graf Schwiechelt für Roggenzehnten zu präsentieren:

§ 1
Jährlich zu Martini 52 4/5 Himpten Roggen, Hannoversche Maße zum Durchschnittspreise von 3,80 M je Himpten mithin 203 M 84 &.

§ 2
Die Lasten sollen immerwährend aufgehoben werden zum 18fachen des Rentenwertes.

Als Ablösungskapital für jährlichen Roggenzehnten	3 559 M 5 &
Für das Heimfallsrecht	15 M
Insgesamt	3 574 M 5 &

§ 3
Die Ablösungssumme soll am 10. Mai 1880 bezahlt werden. Bis zur Zahlung ist das Kapital mit 5 % zu verzinsen.

§ 4
Nach Bezahlung verzichtet Graf Schwiechelt für alle weiteren Zeiten auf Zahlung, Abfindung oder Ansprüche. Beide Seiten verzichten für alle Zeiten auf Einreden jeder Art.

§ 5
Die Kosten des Vertrages tragen beide Seiten zu gleichen Teilen.
Der Vertragsabschluß wurde zu Lüneburg, am 18. Dezember 1879, vollzogen und von beiden Vertragspartnern unterschrieben.
Auch die Bestätigung durch die Königliche Ablösungs-Commission zu Winsen/L. ist danach erfolgt.[133]

132) Archiv Ldkr. Lbg., Akte Ochtmissen Fach 290.28
133) Archiv Ldkr. Lbg., Akte Ochtmissen Fach 242.26

Geschichte des Hofes Nr. 7

1896

Ein Großfeuer vernichtete im Jahre 1896 das Gutsgebäude des Garbenschen Vollhofes bis auf die Grundmauern.
Obwohl damals Brandstiftung vermutet worden war, konnte die Brandursache nicht aufgeklärt werden.
Das Gutshaus hatte dort gestanden, wo heute noch der alte Schafstall steht. Das neu errichtete Gutshaus wurde mit Scheune und Speichern am heutigen Platz bei dem an der Straße liegenden Eichenhain errichtet, der um 1840 angelegt worden war. Es trug die Nummer 13.[134]

1903

Im Zuge der Verkopplung waren auch die Stücke des Hofes Nr. 7 begradigt worden. Die Gesamtgröße betrug 1903:

79 ha, 37 ar und 62 qm.

Die einzelnen Schläge lagen in den Flurstücken:

An der Chaussee, An der Goseburg, Bullenwiese, Butterberg, Goßburgsmoor, Im Dorfe (Hofgrundstücke), Kronskamp, Medebeck, Osterfeld, Stupelsberg, Vor dem Zeltberge und Wiesenhof.[135]

Der Hof war durch Eheschließung des Heinrich Hermann Garben mit Maria Elisabeth geb. Gottespfenning von der Familie Gottespfenning zur Familie Garben gekommen. Seitdem ist er in der Hand der Familie Garben geblieben.
Durch Heinrich Hermann Garben wurde er in der Zeit von 1845 – 1879 von der Grundherrnschaft und Zehntpflichten abgelöst.
Danach folgte Heinrich Hermann Garben um 1903 und Johann Garben um 1908. Nach ihm hatte Heinrich Hermann Garben den Hof, der ihn seinem Sohn gleichen Namens übergab.

1982

Gegenwärtig besitzt und bewirtschaftet Heinrich Hermann Garben mit seiner Ehefrau Erika und seinem erwachsenen Sohn Hermann Garben diesen ehemals freien Hof zu Ochtmissen.[136]

---

134) Gespräche mit Herrn Hermann Garben jun., Ochtmissen, 1980
135) Kat.-Lbg., Grundbuch Ochtmissen 1903 und 1950, Bd. I, Bl. 6
136) Gespräche mit Herrn Hermann Garben jun., Ochtmissen, 1982

Einiges über die Lehngüter Lutmer und Lutmunde

In Lehnbriefen, Urkunden und Beschreibungen über Besitzverhältnisse wurden mehrfach die Namen Lutmer und Lutmunde genannt.

Beide gehörten zwar nicht zu Ochtmissen, lagen aber innerhalb der Landwehr und zwischen Lüneburg und dem Dorfe Ochtmissen.

1330

Im Lehnbrief der Jahre 1330 bis 1352 der Herzöge Otto und Wilhelm von Braunschweig und Lüneburg erhielt auf Seite 33 unter Nummer 268 Segeband, Sohn, als Burglehn neben anderen Leistungen und Gütern:
das Viertel des Ackers und Holzes zu Lutmer („dat verdentel ackeres unde holtes to lutmere").

Bei der Lutmer hatte es sich wahrscheinlich um ein Acker- und Waldstück gehandelt, das sich etwa von der Straße „Bei Mönchsgarten" in Richtung Ochtmissen bis etwa zur „Gartenkolonie Kirchsteig" ausgedehnt haben dürfte.[137]

1360

Im Lehnbrief des Herzogs Wilhelm von Braunschweig und Lüneburg vom Jahre 1360, Seite 82 unter Nummer 520, erhielt Segeband von dem Berge der Schenke, mit dem Schenkamt 3 Höfe zu Ochtmissen und neben anderen Lehen
den Dritteil der Lutmunde („de lutmunde den driddendel").

Im gleichen Lehnbrief erhielt auf Seite 82 unter Nummer 521 Cruse Segeband von dem Berge den Dritteil in der Lutmunde („den driddendel in der lutmunde") ... usw.

Und gleichfalls im selben Lehnbrief erhielt auf Seite 83 unter Nummer 522 Gevert von dem Berge, neben anderen Leistungen und Gütern
die Lutmunde zu Burglehn („de lutmunde dit is dat borchlen").[138]

Bei der Lutmunde handelte es sich wahrscheinlich um ein Waldstück, das sich in Fortsetzung von der Lutmer in Richtung Norden bis zum Ortsrand von Ochtmissen, Nähe Vickenteich, erstreckte, wo auch ein kleines Gut gestanden haben soll.

Daß bei Ochtmissen die Forst und der Hof Lutmunde den Herren von dem Berge gehört hat, berichtet auch Freiherr von Hammerstein-Loxten, indem er ausführt, ihnen gehörten „vier Höfe und der Ludtmehr Hof mit dem Holze zu Ochtmissen und Gericht daselbst." [139]

---

137) W. Reinecke, Lbg. die Straßennamen Lüneburg, S. 125
138) Lüneburg,Lehnreg.d. Hzg. Otto und Wilh. u. d. Hzg. Bernh. u. Wilh. d. Sec. XIV u. XV v. Landsch.-Dir. v. Hodenberg im Arch. f. d. Gesch. u. Verf. d. Fstm. Lbg. von E. L. Lenthe, Celle 1862
139) Frh. v. Hammerstein-Loxten, Der Bardengau, S. 469 – 471

Einiges über die Lehngüter Lutmer und Lutmunde

1481

Auch eine Urkunde aus dem Jahre 1481 gibt uns Kenntnis, daß die Lutmunde (auch Lutmerhof genannt) bei Ochtmissen lag und einen Gutshof hatte.

Darin bekunden der Abt Albert, Prior Ivo, Kellner Ludolf und der Convent des Klosters St. Michaelis zu Lüneburg, daß ihren Vorgängern und ihrem Kloster von dem verstorbenen Dietrich von dem Berge und von dessen Sohne Burchard einige Äcker vor Lüneburg mit einem wüsten Hofe bei Ochtmissen, der Luthmenhof genannt, verpfändet worden sind.

Da am vorangegangenen Michaelis die Söhne des verstorbenen Dietrich von dem Berge, nämlich Burchard und Friedrich, von ihnen den Luthmenhof mit 100 Mark wieder eingelöst haben, so erklären Abt, Prior und Convent, daß ihnen die von dem Berge bei Einlösung des Pfandbriefes über die Äcker vor Lüneburg und den Luthmenhof entsprechend weniger zu entrichten haben.

In der Urkunde vom 18. Oktober 1481 heißt es:

"Wir, Albertus, Abt, Ivo, Prior, Ludolf, Kellner und der ganze Convent des Klosters St. Michaelis in Lüneburg, Ordens Sankt Benedikt Verdischen Stifts, bekennen öffentlich in diesem Briefe vor uns, unseren Nachkommen und vor sonstwem; so als uns, unsern Vorfahren und unserm Kloster in Vorzeiten, von dem tüchtigen, Dietrich von dem Berge, selig in Gott verstorben, und Burchard von dem Berge, seinem Sohne, für sechshalbe hundert Mark, Pfennige Lüneburger Währung, verstattet und ... seine etlichen Acker vor Lüneburg belegen, mit einem wüsten Hofe, der genannt wird der Luthmenhof, mit seinem Holze, Acker und Zubehörigem, bei Ochtmissen belegen, der den genannten Dietrich von dem Berge und Borchard seinem Sohne dort zusteht, uns, unseren Vorfahren und unserem Kloster einen ihren versiegelten, (unbeschädigten?) Brief abgegeben und überantwortet haben, den wir in unserer Verwahrung haben und auch klarlegt und wohl ausweist, welche Gestalt dieser hat, und als diesen unsere Vorfahren in unserem Briefe ihnen die Gnade gegeben hatten, den sie uns vorgebracht und ... haben. So daß sie und ihre Erben, insbesondere den vorbenannten Luthmenhof mit seinem Zubehörigen, für hundert Mark Pfennige wieder zu sich lösen und kaufen mögen, wie sie es nun auf diesem vorangegangenen Sankt Michaelis-Tag getan haben. Also bekennen wir vor uns und unseren Nachkommen, daß die vorbenannten Burchard und Friedrich von dem Berge, Bruder des oben genannten seligen Dietrichs Sohne, zu rechten Zeiten, so ihnen die Gnade von unseren Vorfahren gegeben ward, allein auf den Luthmenhof mit seinem Zubehörigen, in redlichem Golde und Gelde uns entrichtet und überantwortet haben, hundert Mark Pfennige, die wir so von ihnen empfangen und aufgenommen haben. Und sei es, daß zu kommenden Zeiten die genannten Burchard und Friedrich von dem Berge, Brüder oder ihre Erben, den oben beschriebenen, unsern versiegelten Brief, betreffs des verschriebenen Ackers und Luthmenhofes, von uns und unseren Nachkommen wieder lösen oder kaufen wollten, nach ... des vorgenannten Briefes, daß den genannten Burchard und Friedrich, oder ihren Erben, sodann unseren versiegelten Brief mit fünf halben hundert Mark, Pfennige Lüneburger Währung, von uns und unseren Nachkommen wieder lösen mögen, so daß denen dessen Brief koste hundert Mark Pfennige. In dem rechten versiegelten Hofetbriefe, den wir bei uns haben ... dessen zum Bekanntsein vor uns und unseren Nachkommen unser Abtei- und Convents-Siegel an diesen Brief anhängen lassen. Nach Christ Geburt vierzehnhundert Jahr in dem einundachtzigsten Jahre, am Tage Sankt Lucas des Evangelisten." [140] (Siegel Abt Albert und Siegel des Convents.)

---

140) Stadtarchiv, Urk.-Buch Kloster St. Michaelis, Urk. 1225

Einiges über die Lehngüter Lutmer und Lutmunde

Aus den Lehnbriefen von 1330 – 1352 und von 1360 über die Lutmer und Lutmunde erhellt die Gewißheit, daß es sich um zwei verschiedene Lehngüter handelte.

Bemerkenswert ist auch die Tatsache, daß bei der Pfandauslösung in der Urkunde Nr. 1225 des Klosters St. Michaelis zu Lüneburg im Zusammenhang mit der Lutmunde (Luthmenhof) nur die Namen Dietrich und Burchard von dem Berge bzw. Burchard und Friedrich von dem Berge genannt werden. Daraus darf zu schließen sein, daß es sich bei dem Pfand nur um zwei Dritteile der Lutmunde (Luthmenhof) gehandelt hat. Das erste Dritteil hatte der Schenk Segeband von dem Berge zu seinem Schenkamt im Lehnbrief Nr. 520 von 1360 erhalten.

Die Erwähnung der Lutmunde im Zusammenhang mit Ochtmissen läßt auf unmittelbare Ortsnähe des Dorfes schließen. Wenn auch heute die genaue Lage der Lutmunde (Luthmenhof) schwerlich auszumachen ist, darf sie doch in den heutigen Flurstücken zu suchen sein, die begonnen am Vickenteich, nach Süden in Richtung Lüneburg liegen. Diese sind:

Am Vickenteich, Am Weißen Berge, Am Schwarzen Berge, Zwischen Weißem und Schwarzem Berge und Lüttmerfeld.

Die Landanteile dieser genannten Flurstücke sind noch heute im Besitz der drei Ochtmissener Höfe, die im Lehnbrief von 1360 zum Schenkamt des Segeband von dem Berge verliehen worden waren. So ist zu vermuten, daß zumindest jenes Drittel, das Segeband von dem Berge von der Lutmunde zu Lehen erhalten hatte, auf diese drei Höfe gekommen ist.

Das waren die Höfe

Nr. 1	Harms	heute Schäfer
Nr. 2	Meyer	später Hellmann, heute Stadt Lüneburg
Nr. 4	Rieckmann	heute Hänel [141]

---

[141] Ablösungsrezesse der Höfe Harms, Meyer und Rieckmann; Katasteramt Lüneburg, Grundbuch Ochtmissen 1903, Bd. I, Bl. 1-6

Einiges zur Währung aus dem Mittelalter

In Urkunden und Kaufverträgen sind wiederholt Summen in Mark und Lüneburger Pfennigen als Währung angegeben.
Zu deren Erläuterung sind nachstehende Ausführungen gedacht.

Ursprünglich war die Mark ein germanisches Gewicht, sie galt als 2/3 Römerpfund.
Im Münzwesen war bis zum zwölften Jahrhundert das Pfund die bestimmende Münzeinheit. Unter Karl dem Großen war für eine lange Zeit ein gültiger Münzfuß geschaffen worden. Aus dem „Schweren Karlspfund" wurden damals 240 Denare geprägt, von denen 12 Stück den Wert eines Schillings hatten, der ebenfalls keine Münze, sondern zu jener Zeit eine Rechnungseinheit darstellte.
Etwa im 12. Jahrhundert wurde das Pfund im Münzwesen von der Mark verdrängt. Hier war es die „Kölnische Mark", die als Münzeinheit zugrunde gelegt worden war. Sie hatte ein Gewicht von 233.89 g. Ihr Silberwert wurde in Silbermünzen, seltener in Goldmünzen aufgewogen. Als Münze geprägt wurde die Mark erst seit etwa 1500.

Lüneburg hatte mit Urkunde vom 6. Januar 1293 von Herzog Otto dem Strengen das Münzrecht erhalten. Die Stadt dürfte sich zunächst an die Form der vorangegangenen Münzen angelehnt haben und setzte die bisherige Prägungsart fort.
Die Lüneburger Pfennige waren damals sogenannte Hohlpfennige. Diese waren innen hohl und nach außen erhaben, wo sie das Wappentier der Stadt, den Löwen, trugen. Sie waren stumm, also ohne Schrift und Jahreszahl. Diese Hohlprägungen sind auch Brakteaten genannt worden (lat. practea, dünnes Blech).

Der Silbergehalt dieser Prägungen ist mit 500 0/00 bis 550 0/00 angegeben worden. Ihr Gewicht betrug je nach Prägeauflage 0,186 bis 0,284 g. Die Lüneburger Hohlpfennige sind etwa so groß gewesen, wie unsere heutigen Zwei- und Zehnpfennigstücke.

Die Beständigkeit des Silbergehalts war durch Abkommen der münzberechtigten Städte im „LÜBISCHEN MÜNZFUSS" festgelegt worden, an das sich auch Lüneburg hielt.

Seit etwa 1373 sind in Lüneburg auch zweiseitig geprägte Münzen gefertigt worden, sogenannte „Witten", weiße Pfennige, die einen Silbergehalt von 850 0/00 hatten. Ihre Größe mag etwa unseren Zweipfennigstücken entsprochen haben.
Der Lüneburger Witten trug auf der Vorderseite den aufgerichteten Löwen als Wappenzeichen mit der Umschrift „„MONETA LVNEBORCH", und auf der Rückseite stand die Aufschrift „SIT. LAVS. DEO. PARTI", wobei im Mittelfeld ein gleichschenkliges Kreuz war, in dessen Winkeln sich ein aufgerichteter Löwe darstellte. Der Wert des Witten betrug 4 Pfennige.[142]

Da die Witten erst um 1373 in Erscheinung getreten sind, dürfte es sich bei den im Kaufvertrag vom 25. Februar 1364 (Verkauf des Hofes Nr. 6 in Ochtmissen) genannten Lüneburger Pfennigen um die sogenannten Lüneburger Hohlpfennige gehandelt haben, die gegen das Gewicht von 80 Mark aufgewogen worden sind.

---

142) Schnuhr, Eberhard; Lüneburg als Münzstätte in: „ Aus Lüneburgs 1000jähriger Vergangenheit", S. 152 ff

Lüneburger Münzen aus der Zeit von 973 bis 1450 [143]

1. Pfennig   Bernhard I.
                973 – 1011

2. Brakteat   Bernhard von Sachsen
                1180 – 1187

3. Brakteat   Wilhelm von Lüneburg
                1202 – 1213

4. Brakteat   aus der Zeit vor 1293

5. Witten   ohne Jahr, vor 1379
                erster Witten

6. Dreiling   ohne Jahr
                14. Jahrhundert

7. Witten   1502, letzter Witten

8. Blaffert   ohne Jahr
                1. Hälfte 15. Jahrhundert

9. Blaffert   ohne Jahr, um 1440

10. Hohlpfennig ohne Jahr, um 1450

---

143) Eberhard Schnuhr, in: „Lüneburg als Münzstätte"

Errichtung der Lüneburger Landwehr – Ochtmissen rundum eingeschlossen

Eine Kette verheerender Kriege und Fehden hatten Fürstenhaus und Städte an den Rand des Ruins gebracht. Unsicherheit, Raub und Mord hatten sich im Lande ausgebreitet.

Diesen Zustand zu beseitigen, hatten die Herzöge Bernd und Hinrik von Braunschweig und Lüneburg unter Mitwirkung der Städte des Fürstentums Lüneburg eine Friedenssatzung geschaffen, die den Namen „Satebrief" erhalten hatte.

Nach dieser „Sate" sollte wieder Friede im Lande einkehren. Die Streitsucht der Fürsten sollte unterbleiben, Ruhe, Ordnung und Sicherheit im Lande wieder hergestellt werden.

Die Dokumente dieses Vertrages waren am 14. und 20. September 1392 zu Celle ausgefertigt worden. Im letzteren Dokument ist unter den 17 Empfängern der Städte und Flecken Lüneburg an erster Stelle genannt.

Als Besonderheit war in diesem Satebrief die Vergünstigung gewesen, daß sich die Städte mit Landwehren, Gräben und Schlagbäumen befestigen durften. Allen Städten sollte das zugute kommen. Zugleich war die Förderung und Verbesserung der Wasserstraßen verheißen worden. Ausgeklügelte Strafbestimmungen sollten eine unbegrenzte Dauer der Sate gewährleisten.

Für Lüneburg gab die Sate nunmehr die Möglichkeit, die Stadt außerhalb ihrer Mauern mit einer Landwehr zu umgeben. Nach den Bestimmungen der Sate sollten die in Mitleidenschaft gezogenen Grundeigentümer durch Entschädigung zufriedengestellt werden.

Die Landwehr sollte so angelegt werden, daß sie plötzliche Überfälle verhüten und das Wegtreiben von Vieh oder sonstiger Beute erschweren würde. Besonders aber sollte die Landwehr das Umfahren der Stadt Lüneburg verhindern.

Durch Vertrag hatte der Herzog versprochen:

„Ok wille we in alle unser herschop beden (gebieten), dat en jewelk kopman unde andere wanderende lude, ridende, varende edder gande, de gemenen straten, de to Luneborgh wondliken na de jegene legenheyt togeyt, wandern schollet. We ummestrate sochte, de scholde uns dat beteren na unsen gnaden." [144]

Nach diesem Gebote sollten jeder Kaufmann und auch andere, wandernde Leute, ob reitend, fahrend oder gehend, diejenige Straße benutzen, die nach Gelegenheit der Gegend auf Lüneburg zuführte. Wer die Stadt und damit das Gebot zu umgehen suchte, der machte sich strafbar.

Die für Lüneburg zuerst angelegte Landwehr (die alte Landwehr) führte, beginnend an der Ilmenau, an der Nordgrenze von Ochtmissen entlang nach Westen bis etwa 200 m vor die heutige Straße Bardowick–Vögelsen. Dort knickte sie ab nach Süden, ostwärts vorbei an Vögelsen und Brockwinkel bis Reppenstedt. Von Reppenstedt aus soll sie weiter im Heiligenthaler Bach weitergeführt worden sein, vorbei an der Hasenburg, bis zu dessen Mündung in die Ilmenau. Nördlich von Ochtmissen bestand die Landwehr in einem Wall-Graben-System von etwa 50 m Breite. Die Gräben waren etwa 2 m tief und mit Wasser gefüllt. Mit Bäumen und dichtem Strauchwerk waren die Wälle bepflanzt worden. Westlich von Ochtmissen führte die Landwehr in diesem Ausbau bis Reppenstedt.

---

144) Reinecke, W.; Geschichte der Stadt Lüneburg, Bd. I, S. 145 – 149

Dort, wo Heeresstraßen in die Landwehr hineinführten, sind Wehrtürme errichtet worden. Im Süden Lüneburgs wurde die Hasenburg gebaut und im Norden, an der Flurgrenze von Ochtmissen zu Bardowick, die Papenburg. Ihre Besatzungen überwachten die Schlagbäume und den Verkehr.

Unterstützend zur alten Landwehr ist noch die „taube Landwehr" angelegt worden. Sie war vom West-Süd-Knick der alten Landwehr entlang des Waldstücks „St.Nikolaier Fuhren" nach Nordwesten zum Radbruch verlaufen und dort in moeriges Gebiet übergegangen. Die taube Landwehr hatte verhindern sollen, daß der von Norden kommende Verkehr auf „Ummestraten" westlich an der alten Landwehr und damit an Lüneburg vorbeigeführt werden konnte.

Etwa im Jahre 1443 seien die alte und die taube Landwehr fertiggestellt gewesen.[145]

In den Jahren von 1479 bis 1484 ist auch rechts der Ilmenau, also im Osten von Lüneburg eine weitere, die „neue Landwehr" entstanden. Sie sollte „Ummestraten" nach Osten verhindern.

Entscheidende Bedeutung für Ochtmissen hatte nur die alte Landwehr, die den Ort von allen Seiten eingeschlossen hatte.

Die Felder, Wiesen, Weiden und auch Wälder lagen fortan allesamt innerhalb des Lüneburger Bannbereichs, weil auch die Ilmenau ohne Brücke und somit ohne Verbindungsmöglichkeit nach Osten war.

Für Ochtmissen hatte nach Fertigstellung der Landwehr ein Inseldasein begonnen, das den Ort in seiner späteren Entwicklung entscheidend hemmen mußte.

In einem Friedensvertrag vom September 1407 hatten die Herzöge Bernd und Hinrik dem Rat und Vogt der Stadt Lüneburg die Verfolgung des Landwehrfrevels überantwortet.[146] Ochtmissen als Ort blieb jedoch auch weiterhin gehörig zur Vogtei und dem Gericht Bardowick sowie zum übergeordneten Haus und Amt Winsen an der Luhe.[147]

Für die Stadt Lüneburg sollte die Landwehr die Durchsetzung des Stapelrechts ermöglichen und dadurch die geleisteten Arbeiten und Kosten für die Landwehr rechtfertigen.
Für die Bauern Ochtmissens sollte die Landwehr größere Sicherheit gegen räuberische Überfälle und Viehdiebstähle bringen, solange die Zeiten friedlich und ohne Krieg waren.
In Kriegszeiten jedoch hatte Ochtmissen unter Ausschreitungen und Willkürmaßnahmen von Kriegsscharen und Einzelpersonen ebenso zu leiden wie andere Orte außerhalb der Landwehr auch.

Bis etwa Mitte des 17. Jahrhunderts hatte die alte Landwehr ihre Bedeutung erhalten. Sie soll noch lange dem Schutz der Viehherden in unsicherer Zeit gedient haben.
Um die Wende vom 17. zum 18. Jahrhundert soll bei veränderten politischen und wirtschaftlichen Verhältnissen die Hege der Landwehr allmählich nachgelassen haben und als Last empfunden worden sein. 1691 sollen drei Einwohner von Ochtmissen das Recht zum Schlagen von Busch in der Landwehr mit jährlich 12 Thalern erworben haben. Jürgen Schultz auf der Papenburg soll im gleichen Jahr einen Pachtvertrag über 10 Jahre abgeschlossen haben. Es wird berichtet, daß er Ländereien von 1 Wispel 3 Himbten Einsaat erhielt, die hergebrachte Weidegerechtigkeit und Mast ausüben durfte, jedoch die Landwehr nicht verhauen sollte. Dafür zahlte er jährlich 90 Thaler.[148]

145) W. Reinecke, Geschichte der Stadt Lüneburg, Bd. I, S. 211
146) W. Reinecke, Geschichte der Stadt Lüneburg, Bd. I, S. 306
147) Frh. v. Hammerstein-Loxten, Der Bardengau, S. 359
148) Lutz Middelhauve, Die Landwehren der Stadt Lüneburg, in: Lüneburger Blätter 1950, S. 15 - 29

Erstes Verzeichnis über die Höfe und ihre Bauern zu Ochtmissen

1563

Ein Verzeichnis aus dem Jahre 1563 gibt uns erstmalig einen Überblick über die Höfe zu Ochtmissen und deren Bauern, die sie zur damaligen Zeit bewirtschafteten. Über die Grundherren enthält dieses Verzeichnis jedoch keine Angaben. Es war erstellt worden nach Anforderung der Herzöge Heinrich und Wilhelm von Braunschweig und Lüneburg, ist das zweitälteste und zugleich auch das wichtigste Namensverzeichnis für das Fürstentum Lüneburg.

Schon aus dem Jahr 1450 stammte das „Winsener Schatzregister", das als ältestes Namensverzeichnis im Fürstentum Lüneburg gilt, in dem aber viele Dörfer und damit auch deren Höfe nicht aufgeführt sind. Auch Ochtmissen fehlt unter den Orten der Vogtei Bardowick, zu der das Dorf damals gehörte. Der Grund dürfte darin zu suchen sein, daß bei vielen Dörfern allein die dem Herzoge pflichtigen Höfe erfaßt worden waren.[149]

In dem Verzeichnis von 1563 erscheint Ochtmissen in der Vogtei Radbruch. Der Radbruch selbst war damals ein herrschaftlicher Forst. Die Gemeinde Radbruch bestand noch nicht, sie wurde erst 1780 gegründet. Nachstehend einige Auszüge aus dem Verzeichnis, bei denen nur die Namen der Ochtmissener Bauern angegeben seien, die übrigen Höfe der Nachbardörfer der Übersicht wegen mit aufgeführt sind:

„*Verzeichnis der in den Ämtern des Fürstenthums Lüneburg befindtlichen Unterthanen Anno 1563/4* . . .

Disse Nabeschreven Lude wonen in de Radtbroker Vogedie.

Sanckenstedt		3 Hoffeners — Halvenhoffe	— Koters
Rottorpff		7 Hoffeners — —	3 Koters
Handorpff		9 Hoffeners — —	19 Koters
Wittorpff		12 Hoffeners — 3	10 Koters
Ochtmissenn		7 Hoffeners — —	— Koters
Jurgen	Garvenß		
Peter	Gribaw		
Hanß	Stuver		
Lutke	Berman		
Hanß	Moller		
Lutke	Harmens		
Hanß	Moller		
Vogelsenn		5 Hoffeners — —	1 Koters
Mechtersen		8 Hoffeners — —	4 Koters

Summarum der Hoffeners in der Radbroker Vogedie isth LI und III Halve hove und der Koters isth XXXVII.

Nabeschreven Lude, Hoffeners und Koterß wonen in de Vogedie Bardewick

Binnen Bardewick	14 Hoffeners	71 Koterß
Tho Sunte Dionisih	2 Hoffeners	1 Koterß
Tho Dreckharborch	6 Hoffeners	6 Koterß darsulvest
Tho Barum	8 Hoffeners	4 Koterß

Summarum der Hovenerß in der Vogedie Bardewick isth 30 unde der Koterß isth 82."[150]

---
149) Heinr. Pröve; Dorf u. Gut im alten Herzogtum Lüneburg, S. 14
150) Nieders. Hpt.-Staatsarchiv Hannover, Celle, Br. 61 — 1563 und E. Reinstorf, in: Zeitschrift f. Niedersächsische Familiengeschichte, Jahrgang 1927 Nr. 1

Ochtmissen im 30jährigen Krieg

Einige fruchtbare Jahre waren dem Jahr 1618 vorausgegangen. Zu Lichtmeß im Jahr 1617 hätten schon die Kirschbäume geblüht. Der Winter sei so mild gewesen, daß im Februar schon Froschlaich zu sehen gewesen wäre.
Bald aber waren Kriegsheere durch das Land gezogen; erst wenige, später mehr und mehr. Das kleine Bauerndorf Ochtmissen lag an der Heeresstraße Celle – Lüneburg – Harburg. Die Landwehr, als Kontrolleinrichtung für Kaufleute errichtet, gab dem Ort in Kriegszeiten keinen Schutz.

Im April 1626 lag ein Heer von 4000 Dänen in Bardowick und Umgebung. Im Juli desselben Jahres waren die Truppen des Markgrafen Georg Wilhelm von Halle teils mit Weibern in den Raum um Bardowick gekommen. Unter Mitnahme von Rindern, Schafen und Schweinen sowie Roggen seien sie wieder abgezogen.

Im April 1632 war Herzog Franz Carl von Lauenburg mit 800 Mann zu Pferde und 1000 Mann zu Fuß bei Bardowick angekommen und hatte mit einem Teil seiner Truppe auch in Ochtmissen bis Mitte Juni Quartier bezogen. Während dieser Zeit hätte fast kein Mensch auf der Straße nach Lüneburg sicher reisen können.

Im Oktober 1635 sind 12 Sächsische Regimenter im Raume zwischen Lüneburg und Bardowick einquartiert gewesen. Ihnen waren Schwedische und Lüneburgische Heere gefolgt.
Um 1636 sei „in diesem Lande elende Zeit geworden, indem die Leute dermaßen mitgenommen, daß sich keiner mit Pferden dürfen herfürwagen, daß daher das Land selbiges Jahr unbestellet liegen blieben."

Beim Kampfe um Lüneburg hatten nördlich der Stadt auch bei Ochtmissen schwedische Regimenter gelegen.

Nach dem Siege der Schweden über die Kaiserlichen bei Wolfenbüttel im Jahre 1641 waren von Anfang September an starke Trupps schwedischer Krieger von der Aller her bis nach Winsen/L. gestreift „ und alles weggeraubet".

Schwedenverbände hatten im Jahr 1646 auf der Ostermarsch zwischen Ochtmissen und Bardowick kampiert. Von den Bewohnern mußte Verpflegung beschafft werden. Der Durchmarsch von Truppen, vor allem der Schweden, hatte bis nach Kriegsende des Jahres 1648 gedauert. [151]

---

151) Chr. Schlöpken, Chronik von Bardowick, S. 385 – 400

Der Viehbestand in Ochtmissen um 1643

Über die Stärke des Viehbestandes in Ochtmissen finden wir einen ersten Hinweis aus dem Schatzregister zu Winsen/L. vom Jahre 1643.

Darin heißt es:

„*Schatzregiester des Kurfürstlichen Hauses und Ambtes zu Winsen an der Luhe, desgleichen Harburgk, Moisburgk, auch des Stiftes Stillhorn, dareyn die Freyen zum Dritte Halben und die Unfreyen zum dreyfachen Schatz beschrieben worden von Ostern Anno 1643 bis Ostern Anno 1644.*

Ochtmissen		Pferde	Rinder	Schweine	Schafe	Ziegen	R.Thaler	Groschen	Pfennige
Baltzer	Garbers	3	12	20	100	38	6	24	8
Hans	Stümer	2	6	5	60	9	3	19	6
Jürgen	Garbers	2	8	7	81	–	3	31	6
Hans	Carstens	3	6	7	50	–	3	–	6
Jürgen	Ulrich	2	5	8	–	–	1	7	–
Georg	Zertelt	3	12	14	80	6	5	7	–
Christoph	Brieber	2	9	10	70	–	3	28	–

Lateris." [152]

Das ergab für die 7 Höfe des Dorfes einen Viehbestand von zusammen 17 Pferden, 58 Rindern, 71 Schweinen, 441 Schafen und 53 Ziegen.

Zu damaliger Zeit wurde die Dreifelder-Wirtschaft mit Brache und Weide betrieben; daher auch die verhältnismäßig hohe Anzahl von Schafen.

---

152) Nds. Hauptstaatsarchiv Hannover, Hann. 74, Winsen/L. Nr. 431

Anzahl der Höfe in der Vogtei Bardowick im Jahre 1681

In der „Contributionsbeschreibung der Vogtey Bardewieck vom 15ten xbris Anno 1681" des Amtes Winsen an der Luhe ist die Anzahl aller Höfe der Vogtei Bardowick aufgeführt. Bei dieser Darstellung sind die Höfe unterschieden zwischen denen, die durch ihre Grundherren, genannt Herrn Leute, und denjenigen, die durch Pächter, genannt Gutsherrn Leute, bewirtschaftet werden.

Vogtey Bardowieck

	Herrn Leute				Gutsherrn Leute			
	Vollhof	Halbhof	Köther	Brinksitzer	Vollhof	Halbhof	Köther	Brinksitzer
Bardewieck	–	9	54	20	1	3	3	8
St. Dionys	–	–	–	–	–	2	1	1
Dreckhaarburg	2	5	6	–	–	–	–	–
Handorff	–	–	1	–	9	14	–	3
Clueß	1	–	–	–	–	–	–	–
Mechtersen	–	–	1	–	4	4	4	–
Ochtmißen	–	–	–	–	7	–	–	–
Vögelsen	–	–	–	–	5	–	1	–
Wittorff	–	–	–	–	11	6	6	3
Summe Vogtey Bardowieck	3	14	62	20	37	29	15	15

Nach dieser Contributions-Beschreibung hatte in Ochtmissen der Gutsmann Thomias Knittrer für den Hof und 80 Schafe zusammen 3 Groschen und 4 Pfennige Contribution (beigetriebene Steuer) zu leisten.[153]

---

153) Nds. Hauptstaatsarchiv Hannover, Hann. 74, Winsen/L. Nr. 432

Das Lagerbuch des Amtes Winsen von 1681 enthielt umfangreiche Angaben über die sieben Voll-Meierhöfe zu Ochtmissen. Ihre in Saatgutmenge beschriebenen Landanteile, Viehbestände, Abgaben und Dienstpflichten sind in die Ausführungen über die Geschichte der Höfe zu Ochtmissen eingefügt worden.

Nachstehend werden die einzelnen Höfe mit ihren Grundherren, Zehntherren, Pächtern und Bauern aufgeführt:

Christoph Gribow (Hof Nr. 1, 2 oder 4)	Gutsherr v. Schenk zu Dannenberg, Zehntherr Kapitel zu Bardowick;
Klement Kröger (Hof Nr. 1, 2 oder 4)	Gutsherr v. Schenk zu Dannenberg, Zehntherr das Kapitel zu Bardowick;
Heinrich Garsten (Hof Nr. 1, 2 oder 4	Gutsherr v. Schenk zu Dannenberg, „der Hof ist wüste, das Land ist versetzt";
Peter Garben (Hof Nr. 3)	Gutsherr der Rat zu Lüneburg;
Heinrich Mohrmann (Hof Nr. 5)	Gutsherr Abtei zu Lüneburg, Zehntherr das Kapitel zu Bardowick;
Karsten Beecke (Hof Nr. 6)	Gutsherr Zarstede in Lüneburg, Zehntherr Tönning in Lüneburg;
Hans Vindorf (Hof Nr. 7)	Pächter Borgfelds Erben in Lüneburg, Gutsherr das Kapitel zu Bardowick, Zehntherr St. Nikolaihof und vormal. Bistum Verden je zur Hälfte.

Bemerkung
Bei dem Grundherrn der Höfe Nr. 1, 2 und 4, der als v. Schenk zu Dannenberg angegeben ist, handelt es sich um Freiherrn Georg Wilhelm Schenk von Winterstedt (1635 – 1695), Oberhauptmann zu Dannenberg und Herr auf Lindhorst, den Lehensträger der genannten 3 Höfe zu Ochtmissen.
Bei dem auf Hof Nr. 6 angegebenen Gutsherrn Zarstede handelt es sich offenbar um Herrn von Tzerstedt – auch v. Thorstedt geschrieben – aus dessen Hand der Hof schon 1694 auf die Familie v. Töbing gekommen war.[154]

---

154) Rüther/Schulz-Egestorf, Lagerbuch d. Amtes Winsen v. 1681; J. Gf. v. Oeynhausen, d. Schenken von Winterstedt; Manecke I. S. 267 u. II S. 481; Nds. Hauptstaatsarchiv Hannover, Hann. 74, Winsen/L. Nr. 10

Die Fürstl. Braunschw.-Lüneb. Geheimten Räte verlangten genaue Angaben

Im September des Jahres 1694 waren die Vogteien aufgefordert worden, innerhalb von vier Wochen eine genaue Aufstellung der in der jeweiligen Vogtei liegenden Dörfer, Flecken und Einzelhöfe anzufertigen und zu übersenden.

Diese Aufstellung sollte alle Höfe enthalten, die in dem anvertrauten Amte lagen. Auch alle Meier oder Gutsherren, die zwar Höfe in ihrem Amte liegen hatten, sich aber dort nicht aufhielten, sollten mit erfaßt werden. Die genaueste „Specification" war innerhalb von vier Wochen „ohnfehlbar" einzusenden.

Die angeforderten Berichte waren wohl fristgerecht eingesandt, aber nicht im Sinne der Auftraggeber angefertigt worden. Sie hatten in vielen Fällen zahlreiche Mängel enthalten, so daß diese nochmals anzufertigen und einzusenden waren. Dazu sollte nach einem bestimmten Schema verfahren werden, das seitens des fürstlichen Amtes erstellt worden war.[155]

Seitens der Vogtei Bardowick hatten für das Dorf Ochtmissen die beiden Berichte den gleichen Wortlaut. Daher sei im folgenden nur der zweite Bericht wiedergegeben:

„Ortschaft Ochtmissen

	des Hofes Beschaffenheit	Grundherr
Pächter H. Rittmeister v. Braunschweig (Hof Nr. 6)	Vollhof	Leutnant Töbings Wittib in Lüneburg
Wirt Jacob Garben (Hof Nr. 3)	Vollhof	der Rat in Lüneburg
Wirt Hans Meyrer (Hof Nr. 2)	Vollhof)	diese drei Höfe gehören
Wirt Hans Jürgen Garben (Hof Nr. 1)	Vollhof)	an den H. v. Schencken
Wirt Hans Knacke (Hof Nr. 4)	Vollhof)	zu der Lindhorst
Wirt Martin Mohrmann (Hof Nr. 5)	Vollhof	gehört zum Closter St. Michaelis zu Lüneburg
Wirt Lorenz Gottespfenning (Hof Nr. 7)	Vollhof	Stift zu Bardowick

Über das Dorf Ochtmissen hat das Churfürstliche Amt Winsen das Nieder-und Obergericht."[156]

Bemerkung
Die Hof-Nummern der Ochtmisser Höfe sind vom Verfasser mit () versehen worden und in der Aufstellung der Vogtei Bardowick nicht enthalten.
Bei dem Grundherrn der Höfe 1, 2 und 4 handelt es sich um den Freiherrn Georg Wilhelm Schenk von Winterstedt, Oberhauptmann zu Dannenberg und Herrn auf Lindhorst, den Lehensträger der drei genannten Ochtmisser Höfe.

---
155) Nds. Hauptstaatsarchiv Hannover, Hann. 74, Winsen/L. Nr. 10
156) Nds. Hauptstaatsarchiv Hannover, Hann. 74, Winsen/L. Nr. 10; J. Gf. v. Oeynhausen, die Schenken von Winterstedt

Eine Zählung über Höfe, Häuser und Feuerstellen

war im Jahre 1735 durchzuführen. Diese Zählung war vom fürstlichen Amt angeordnet worden, bei der alle Feuerstellen im Amte Winsen an der Luhe erfaßt werden sollten.

Innerhalb der Vogtei Bardowick betraf das die Orte

Bardowick,
Clues,
Dreckharburg (Horburg),
St. Dionys,
Handorf,
Mechtersen,
Ochtmissen,
Vögelsen und
Wittorf.

Ochtmissen hatte nach dieser Zählung Feuerstellen in

7 Bauernhöfen,
1 Hirten-Kothe und
2 Backhäusern und „Gevierkens", so durch Häusler bewohnt werden,
10 Feuerstellen insgesamt. [157]

Die gleiche Anzahl von 10 Feuerstellen in Ochtmissen wurde auch in Blatt 68 der Kurhannoverschen Landesaufnahme des 18. Jahrhunderts vom Jahre 1776 eingetragen.

Bei den Backhäusern dürfte es sich um Häuslings-Häuser handeln, in denen Backöfen eingebaut waren, und in denen auch zum großen Teil das Brot für die Höfe mit gebacken worden ist.

---

157) Nds. Hauptstaatsarchiv Hannover, Hann. 74, Winsen/L. Nr. 16;
Kück, d. alte Bauernleben in d. Lüneburger Heide, S. 215 — 220
Kurhann. Landesaufn. d. 18. Jahrh. Bl. 68, M. 1 : 25 000

Ochtmisser Bauern forderten gerechte Verteilung der Kriegslasten

Neben den Lasten für die Obrigkeit, die Kirche und den Grundherren hatten die Bauern auch Sonderdienste zu leisten für Kriegsfuhren und Ausgaben aufzubringen für Einquartierung des Militärs. Besonders in kriegerischen Zeiten traten diese Belastungen für Ochtmissen sehr oft in Erscheinung.

Diesen Sonderdiensten waren alle, auch die gutsherrnfreien Höfe verpflichtet. Verständlich, daß die Bauern darauf bedacht waren, diese Lasten möglichst gerecht verteilt zu sehen.

Nur mit dem gutsherrnfreien Hofe des Lt. v. Töbing hatten die Ochtmissener Bauern ihren Ärger, weil er sich jahrelang seinen diesbezüglichen Verpflichtungen zu Lasten der anderen 6 Bauern entzog.

In einem Schreiben zu Lüneburg vom 31. März 1706 heißt es:

„Es berichten die 6 Ochtmißer, als

Peter	Garben
Martin	Mohrmann
Lorentz	Gottespfenning
Hans	Reoder
Johann	Meyer undt
Hans Jürgen	Garben"

undt zwar jeder besonders, daß sie für Töbings Hof daselbst „indebite" (unverdienterweise) zahlen und übernehmen müßten:

1. *„Die Ordinäre Einquartierung"*
Hier wird angeführt, daß der Ort „3/4 Portion" zugeteilt bekommen hätte. Auf jede Portion seien täglich zwei Mahlzeiten, dazu Obdach und Stroh zu geben gewesen. Dasselbe hätte auch alles mit Gelde bezahlt werden müssen, so daß die 6 Höfe eins ums andere monatlich 8 Rthl, 6 ggr hätten geben müssen.
Dabei hätten sie Töbings Anteil, der monatlich 1 Rthl, 4 ggr 4 4/47 & betragen hätte, mit zu übernehmen gehabt.
Vor 6 Jahren hätten sie Töbing schon einmal auspfänden wollen, weil er damals auch nicht bezahlt habe. Vom Amtmann zu Winsen sei ihnen aber solches Zutun verboten worden.

2. *„Zum Landausschuß"*
gäbe Töbing ihres Wissens auch nichts. Die 6 Höfe hätten jährlich zusammen 8 Rthl zu zahlen und auf diese Weise den Anteil Töbings mit zu übernehmen, der 1 Rthl 6 6/7 ggr und 6 6/7 & ausmache.

3. *„Die Jagdfolge"*
hätten sie mit ihren 6 Höfen allein getragen. Töbing dagegen schon ins 14. Jahr nicht. „War auch schon dieserhalb beym Ambt Winsen zur Strafe geschrieben." Ob er jedoch gezahlt hätte, wüßten sie nicht.

4. *„Die Kriegerfuhren"*
müßten sie mit ihren 6 Höfen auch allein bewältigen. Töbing würde sich daran nicht beteiligen. Sie hätten ihn vordem schon einmal durch den „Burmeister ansagen" lassen, dürften es aber nicht mehr tun, weil es die Beamten verboten hätten.

5. *„Die extraordinaire Einquartierung"*
Diese betreffend, sei Töbing gleichfalls nicht geneigt gewesen, jemand aufzunehmen.
Bei den Durchzügen von Kriegsvolk seien öfters 12 – 13 Personen, teils vom Fußvolk, teils von der Reiterei, Quartier und Verpflegung zu geben gewesen. Auch der „Soldaten Weiber Quartiergelder" hätten diese 6 Höfe allein zu zahlen gehabt.
Im vergangenen Jahr seien die Schweden durch den Ort gezogen. Von denen hätten Nachbar bei Nachbar 6 Mann und deren Pferde zu Quartier gehabt. Hafer und anderes hätten sie nicht bezahlt. Für jeden Hof ihrer 6 hätte das wenigstens 1 1/2 Rthl gekostet, was zusammen 9 Rthl brächte.

Beim letzten Durchzuge der Billsteinschen Krieger habe jeder der 6 Höfe „5 Kerle und 5 Pferde innegehabt und so 3 Tage und 3 Nächte bei ihnen gelegen und hatten sie jeden Kerl und jedes Pferd zu Tag und Nacht zu Nutz." Das habe jeden Hof 5 Taler gekostet, was zusammen 30 Taler ausmache. Auch hier hätte Töbing nicht gezahlt.

6. *„Das Nachbarrecht"*
Diesem „entschlüge sich Töbing gänzlich" und er wolle sich dazu nicht verstehen. Töbing würde Busch hauen in der gemeinen Forst. Da er dreimal so viel Vieh habe wie die anderen Bauern, würde er auch mehr Plaggen hieben in gemeiner Forst und Weide. Was solches Tun für Schaden brächte, wäre leicht zu erachten. Er sei auch deshalb schon von der Vogtei nach Winsen geholt worden.

7. *„Die Kuh- und Schweinehirten"*
Bei diesen zahle er nur den gleichen Lohn, wie die anderen 6 Höfe auch, obwohl sie im Hofe Töbing infolge der dreifachen Zahl an Vieh viel mehr Dienst hätten „als der anderen einer täte."

Weil nun die Hirten von den 7 Höfen gemeinsam entlohnt würden, sollte Töbing entsprechend seiner höheren Anzahl an Tieren auch einen höheren Beitrag zahlen. Der Schaden, der den anderen 6 Höfen durch Töbing entstanden sei, könnte jährlich mit 11 Rthl, 19 ggr und 8 & gerechnet werden.[158]

---

158) Stadtarchiv Lüneburg, Mich. D 87, Nr. 3

Zur Gerichtsbarkeit über Ochtmissen

gab es des öfteren Meinungsverschiedenheiten zwischen dem Amte zu Winsen/L. einerseits und dem Kloster St. Michaelis zu Lüneburg, sowie der Stadt Lüneburg andererseits.
Anlässe waren in der Regel kleinere Vorfälle in Ochtmissen, bei denen sich beide Seiten für zuständig über das Dorf hielten.
Einige von ihnen seien nachstehend angeführt:

Der Amtsvogt zu Bardowick hatte die Höfe in Ochtmissen im Jahre 1753 aufgesucht und besichtigt im Zuge der Vorbereitungen für die Eintragung in das Brandkassen-Register. Darunter waren auch der Hof Töbing und derjenige des Nikolaihofes gewesen. Töbing war Lüneburger Bürger und das Gut des Nikolaihofes gehörte dem Rate der Stadt Lüneburg. Der Magistrat zu Lüneburg hatte das als Eingriff in seine Rechte betrachtet und beanstandet.

Gegen die zunehmende Plage von Krähen und Sperlingen um 1753 war deren Bekämpfung angeordnet worden. Zum Zeichen der Befolgung dieser Anordnung mußten die Köpfe der vernichteten Krähen und Sperlinge beim zuständigen Amte abgeliefert werden. Für alle 7 Höfe zu Ochtmissen war der Amtsvogt zu Bardowick zuständig. Der Magistrat zu Lüneburg verneinte das für die Höfe Töbing und St. Nikolaihof.

Der Streit zwischen Lüneburg und Winsen/L. hatte sich über viele Jahre hingezogen.
In einem Schreiben des Amts Winsen vom 03.04.1754 an den Magistrat der Stadt Lüneburg berief sich dieses auf einen Rezeß vom 24. Juli 1699.
Darin sei festgelegt, daß die Jurisdiktion omnimoda über alle und jede innerhalb der Landwehr befindlichen Untertanen und Häuser dem Amte verbleibe, und daß der Magistrat sich bei Fällen, die sich außerhalb der Stadt ergeben, nichts anzumaßen habe.

Ausdrücklich wurde darauf hingewiesen, daß die Jurisdiktion über alle 7 Höfe zu Ochtmissen bestehe und zwar über

3	Höfe	der von Schenck'schen Erben zur Lindhorst,
1	Hof	des Klosters St. Michaelis zu Lüneburg,
1	Hof	des Stiftes Bardowick,
1	Hof	des Rates der Stadt Lüneburg, den des St. Nikolaihofes und
1	Hof	des Leutnants Töbing zu Lüneburg.

Es wurde auf die Konsequenzen verwiesen, die sich ergeben würden, wenn man zwei Höfe davon auslasse, weil alle 7 Höfe dem Amte Winsen dingpflichtig seien. Alle 7 Höfe seien verpflichtet zu Leistungen für Kontribution, Einquartierung, Ausschuß, Bringefuhren, Jagdfolgen und dergleichen. Auch allgemeine Leistungen für Weiden, Furt und Trift zwischen Landwehr und Stadt beträfen alle 7 Höfe.[159]

Fast 70 Jahre danach hatte es gleiche Meinungsunterschiede gegeben, als im Dorfkrug zu Ochtmissen der Schlosserlehrling Haberland aus Lüneburg ein „Plätteisen" ausgespielt hatte, was damals offenbar als Glücksspiel galt.
Auch in diesem Zusammenhang verwies das Amt Winsen auf den Rezeß vom Jahre 1699.[160]

---

159) Archiv Ldkr. Lüneburg, Akte Ochtmissen, Fach 82.2
160) Archiv Ldkr. Lüneburg, Akte Ochtmissen, Fach 76.4

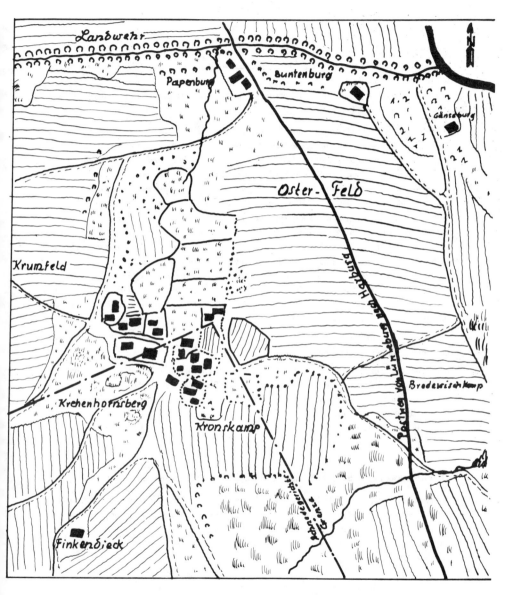

Odtmissen um 1776

M.: ~ 1:8000

A. Peuker, 1982

Die Schnedegrenzen

für Holzung, Hutung, Plaggenhauen und Weide wurden durch die Schnedegerichte festgelegt, die bei den Gohen, später Vogteien und Ämtern gebildet worden waren. Von Zeit zu Zeit wurden diese Schnedegrenzen überprüft.[161]
Die Bardowicker Gerichts-Schnede, in die auch Ochtmissen einbezogen war, wurde nach dem Winsener Lagerbuch von 1754/1755 wie folgt gefunden:

„Geht an von dem Ziegel (Zingel?) für Lüneburg dem Bardowicker Thore, auf den Kreitenberg, von dannen nach Ochtmissen in Christoffer Garben Kesselhaken, von dar in die Cosmus-Mühle nach Vogessen in Gabriel Töbings Kesselhaken, von dann in den Hünerhop in den Schnedebaum, von da in die Wichelberg-Horst in den Schnedeberg in den ruhen Heister, das schmale Feld entlang auf die Rotaus-Brücke, von dannen hinter der Clues über der Heerstraße entlang bis an das hohe Kreuz in den Ilkensberg, von dannen in den Holsten-Forth in das hohe Sand, ferner dann die Aue entlang in den Riegenhagen-Forth, von dannen in Heineke Clots Wehre, in Heine Harmers zu Oldershausen Zeune, fortan in Heineke Pahlers Zeune, die lütke Aue entlang in den Alberts-Forth, von dannen in die Dreylake, in den Runtzel, Claus Engelken zu Barum seine Twieten, dann in Hinrich Dittmers zu Barumb Kesselhaken, von da über die Preyer Wiese, und ferner so weit die Wipfel von den Barumer Beumen fallen, bis in die Graft, aus der Graft die Mint-Lake entlang bis aufs lange Steg, von dannen in die fünf Berge, ferner die Wege entlang bis nach Adendorf an den Schnedepfahl in die Aue, von da die Aue entlang in die Wahrburg bis vor Lüneburg in die Baumkuhle, von da bis an den Ziegel, da sichs angefangen." [162]

Ochtmissen lag in zwei Schnedebereichen,

deren südlicher Teil zum Kloster Lüne / Kloster St. Michaelis Lüneburg und deren nördlicher Teil nach Bardowick / Amt Winsen gehörte. Im Original des Blattes 68 der Kurhannoverschen Landesaufnahme von 1776 ist diese Grenze in Balkenstrichen eingezeichnet, die am nördlichen Rand gelb und am südlichen Rand blau koloriert sind.
Die Höfe und Einwohner des Ortes gehörten jedoch alle in die Gerichtszuständigkeit des Amtes Winsen.[163]

Das Ochtmisser Heinholz, auch Ochtmisser Bruch oder Uhlenbusch genannt,

lag zwischen Vögelsen und Mechtersen etwa dort, wo heute die Linie der Buchholzer Bahn zwischen beiden Orten verläuft. Es war, in den Schnedebereich des Radbruches gehörig, um 1562 dem Flecken Bardowick für Berechtigung angewiesen worden.
Im Jahre 1803 ist das Ochtmisser Heinholz mit den Ortschaften Vögelsen und Mechtersen geteilt worden.[164]

---

161) W. Reinecke, Gesch. d. Stadt Lüneburg, Bd. II, S. 362 – 368
162) Frh.v. Hammerstein-Loxten, Der Bardengau, S. 358
163) Frh.v. Hammerstein-Loxten, Der Bardengau, S. 359
Kurhann. Landesaufnahme v. 1776, Bl. 68; Staatsbibliothek Preuß.Kulturbes.Kartenabt.Schrb.v.26.10.81; Archiv Ldkr. Lbg., Akte Ochtmissen, Fach 82.2
164) Kurhann. Landesaufnahme v. 1776, Bl. 67; Frh. v. Hammerstein-Loxten, Der Bardengau, S. 362 – 364; E. Rüther und Schulz-Egestorf, Das Lagerbuch des Amtes Winsen, von 1681, S. 52

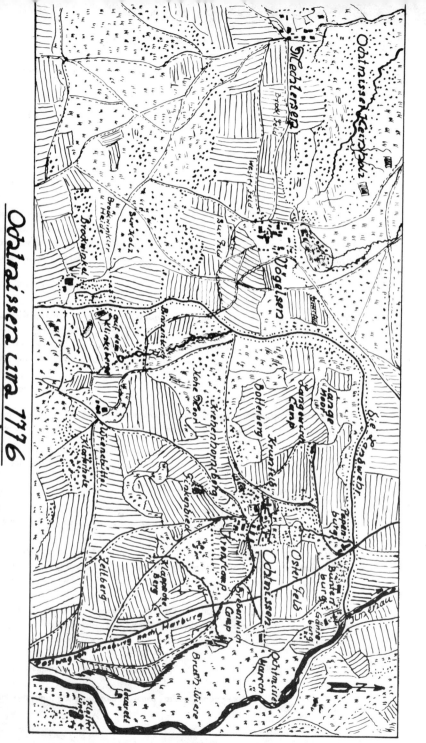

Einiges über alte Begebenheiten zwischen Landwehr und Zeltberg

1. Im nachbarlichen Schnederecht

hatte es in den Jahren von 1659 bis 1699 mehrfach Meinungsverschiedenheiten gegeben zwischen dem Pächter des Rittergutes Brockwinkel Valentin Burbacher und dem Gutsmann Heinrich Mohrmann des Klostergutes St. Michaelis Lüneburg in Ochtmissen.

Am 5. März 1699 war man schließlich zu einer Ortsbesichtigung zusammengekommen, an der Geheimrat und Vicekanzler Fabrici, Pächter Burbacher zu Brockwinkel, Gutsmann Mohrmann zu Ochtmissen und der Holzgeschworene zu Vögelsen, Helmeke Cordes teilgenommen hatten.

Es sollte für alle Zeiten festgelegt werden, daß keiner dem anderen des Gutes zu Brockwinkel und des Klostergutes zu Ochtmissen beim Abhauen von Busch zu nahe käme und dadurch Streit entstünde.

Der Holzgeschworene Helmeke Cordes zu Vögelsen hatte ausgesagt, daß die bisherige Grenze bisher von beiden Seiten hingenommen worden sei und von altersher als Schnedegrenze gegolten habe.

Daraufhin verglich man sich, zwei große Schnedesteine zu setzen. Der eine sollte auf der linken Hand nahe an dem Vögelser Weg und der andere in Richtung Kirchgellersen stehen.

Dazu sollte gelten:

„*Was nun zwischen diesen beiden gesetzten Schnedesteinen auf der linken Hand nach dem Osten zu an Busch stehet und künftig wächset, gehöret nach Brockwinkel; was aber auf der rechten Hand nach dem Westen, ingleichen auch dasjenige, was von dem Vögelser Weg nach der rechten Hand vor dem Brockwinkelschen Felde nach Norden hin an Busch stehet und künftig wächset, gehöret des Klosters Gutsmannes Heinrich Mohrmann von Ochtmissen, womit also diese Streitsache behoben.*"
Unterschrift, H. Bramberger. 165)

Die beiden angeführten Schnedesteine konnten bislang nicht gefunden werden. Möglicherweise sind diese bei der Verkopplung im Zuge der Flurbegradigung entfernt worden und liegen heute an anderer Stelle;
(der Verfasser).

165) Stadtarchiv, Mich. D. 87, Nr. 2

„alte Begebenheiten"

2. Die Hasenjagd an der Landwehr

hatte einen ganz anderen Verlauf genommen, als ihn drei Diener des Abtes vom St. Michaelisklosters zu Lüneburg vorgesehen hatten.

Im August des Jahres 1695 waren die drei Abtsdiener nach der Landwehr zur Hasenjagd gegangen. Sie waren ausgerüstet gewesen mit 2 Büchsen, einer Koppel kleiner Hunde, 4 „Windos" und mehreren Stricken.

Als sie an der Landwehr im Bardowicker Felde, in der Nähe des Immenzaunes bei der Papenburg, im Begriff waren, „einen Hasen zu erhaschen" und damit gegen den fürstlichen Wildbann zu verstoßen, trat ihnen der Amtsvogt von Bardowick mit einigen Schützen und Bediensteten entgegen. Der Vogt und seine Begleiter nahmen den Abtsdienern kurzerhand die beiden Büchsen, die 4 Windos und Stricke ab. Das alles zusammen schickten sie zum Amt nach Winsen an der Luhe.

Dorthin hatten sich auch die drei Abtsdiener begeben und um Rückgabe der abgenommenen Dinge gebeten. Sie mußten aber ergebnislos zurückkehren.

Selbst der Abt des St. Michaelisklosters zu Lüneburg, der bei dem Vorfall nicht im Kloster gewesen war, hatte beim Amt in Winsen um Rückgabe der abgenommenen Dinge ersucht und gleichfalls keinen Erfolg in seinem Bemühen gehabt.

So hatte diese „Hasenjagd" an der Landwehr nicht nur ohne „Strecke", sondern außerdem mit dem Verlust der beiden Büchsen, der vier „Windos" und einigen Stricken geendet und obendrein einen längeren Schriftwechsel zwischen dem Kloster St. Michaelis zu Lüneburg und dem fürstlichen Amt zu Winsen nach sich gezogen.166)

---

166) Nds. Hpt.-Staatsarchiv Hannover, Celle, Br. 61 A, Nr. 6548

„alte Begebenheiten"

3. **Drei Hunde des Herrn von Töbing fielen Frau Garben an,**

als diese am 1. Mai 1703 von Ochtmissen nach Lüneburg ging, um in der St. Nikolaikirche am heiligen Abendmahl teilzunehmen.

Es waren drei große Hunde des Georg Christoph von Töbing, welche die Ehefrau des Ochtmisser Bauern Jürgen Garben angefallen, ihr „die Kleider vom Leibe gerissen und ein großes Loch in den Arm gebissen hatten".

In diesem Zustande war Frau Garben zu dem Barbier Damnitz in Lüneburg gegangen, der ihr die Wunde verbunden und diese fünf Wochen bis zur Heilung behandelt hatte. Als Arztlohn hatte Frau Garben dem Barbier 2 1/2 Taler zu zahlen.

Frau Garben hatte für die erlittenen Schmerzen, die zerissenen Kleider und die fünf Wochen, in denen sie ihre Arbeit im bäuerlichen Haushalt nicht hatte verrichten können, vom Herrn von Töbing den Betrag von 7 Talern und zuzüglich den Arztlohn von 2 1/2 Talern, also zusammen 9 1/2 Taler verlangt.

Herr v. Töbing hatte jedoch weder den Arztlohn noch die von Frau Garben verlangte Summe gezahlt; ja, er hatte sich auch nicht bei Frau Garben entschuldigt.

Nach längerem, vergeblichem Warten hatte der Ehemann Jürgen Garben beim Gericht in Winsen für seine Frau gegen Georg Christoph v. Töbing auf Zahlung der verlangten Summe geklagt. Das Ehepaar Garben hatte Erfolg. Herr v. Töbing sollte zahlen. Jedoch verzögerte er die Zahlung der geforderten Summe, so daß er im Juli 1705 vom Gericht in Winsen aufgefordert wurde, den fälligen Betrag innerhalb von 8 Tagen zu zahlen; andernfalls war Pfändung angedroht.[167]

---

167) Archiv Ldkr. Lbg, Akte Ochtmissen, Fach 82.2

„alte Begebenheiten"

4. Die vergessene Hose

Dorothey und Hinrich lebten auf dem Hofe eines Bauern zu Ochtmissen, sie als Hausmagd und er als Schäfer.
Was zwischen den beiden heimlich geschehen war, hatte die Nachwelt erst durch ihren Streit vor dem Amte zu Winsen erfahren.

In einer Sommernacht, zur Zeit Johannis, war Hinrich heimlich zur Kammer der Dorothey gekommen. Bei diesem nächstlichen Besuch hatte er „wirklich ein Stuprum mit sie getrieben".
Nach „solcher Verrichtung" war Hinrich dann wieder nach seiner Kammer gegangen und hatte vergessen, seine Hose mitzunehmen. Als Dorothey die Hose entdeckte, wollte sie ihm eine „böse Blame" ersparen und brachte diese in selbiger Nacht wieder in Hinrichs Kammer. Dabei hatte Dorothey bemerkt, daß ein Schlüssel in der Hose des Schäfers steckte. Sie nahm den Schlüssel heraus, öffnete damit Hinrichs Lade und nahm 26 Taler Geldes an sich. Das hätte sie aber nicht „als für eine Diebin anzusehen gethan", sondern deshalb, weil er „das Stuprum mit sie getrieben und als sie zu dero Zeit nicht hatte wissen können, was daraus folgen würde". So habe sie das Geld vorsorglich genommen, für den Fall, daß sie von Hinrich nichts bekäme, wenn das „Stuprum" Folgen hätte.

Drei Tage nach der nächstlichen Angelegenheit hatte Hinrich bemerkt, daß ihm 26 Taler fehlten und der Bäuerin sogleich seinen Verdacht gegen Dorothey geäußert. Zur Rede gestellt, gab sie ihren „Versorgungsfall" sogleich zu mit der Begründung, daß er doch das „Stuprum mit sie getrieben".

Dorothey hatte die 26 Taler in mehreren Raten zurückgezahlt und auf Wunsch des Schäfers noch 1 1/2 Taler mehr. Aber Hinrich hatte noch keine Ruhe gegeben. Mit einem weiteren Knecht war er in die Kammer der Dorothey gedrungen und hatte gewaltsam deren Lade mitgenommen. Dabei hatte er eine alte Frau niedergestoßen, die sich ihm in den Weg gestellt hatte. Auch einige Haushaltsgeräte gingen dabei zu Bruch.

Mit einem Bestätigungsschreiben ihres Grundherrn war Dorothey zum Amt Winsen gegangen, um ihr Recht gegen den Schäfer und die Rückgabe der Lade zu erwirken. Dabei war auch der nächstliche Besuch Hinrichs bei Dorothey in jener Sommernacht zur Sprache gekommen, den Hinrich nicht zugeben wollte.

Am Ende wurde Hinrich aufgetragen, die Lade wieder an den Ort und in dem Zustande zu bringen, wie er sie aus der Kammer der Dorothey entnommen habe.
Wenn ihm sonst was fehlen sollte, so könnte er das in seiner „Notdurft" vorbringen.
Das diesbezügliche Protokoll wurde zu Winsen/L. am 28. Oktober 1712 geschlossen.168)

---

168) Stadtarchiv Lüneburg, Mich. D. 87, Nr. 7

„alte Begebenheiten"

5. **Die Ochtmisser Bauern pfändeten zwei Fuhren Plaggen,**

die von den Vögelser Bauern auf der „Ochtmisser Gerechtigkeit" gehauen worden waren.

Für das Hauen von Plaggen hatten die gleichen Schnedegrenzen gegolten, wie sie für Holzung und Hutung festgelegt waren. Was für Holz und Busch sowie die Hutungsrechte in den Wäldern galt, traf auch für die Plaggen zu, die als gehauene Wald- oder Heidesoden zur Streu für das Stallvieh oder auch zur Verbesserung des Mutterbodens auf dem Acker genutzt wurden. So war es gewiß kein Wunder, daß alle Bauern des Dorfes darauf achteten, daß sich keine Unberechtigten irgendwelche Nutzungsrechte in Ochtmissen anmaßten.

Die sicherste Art, zu ihrem Recht zu kommen, scheint für die Bauern zu Ochtmissen in Zweifelsfällen die Pfändung gewesen zu sein. Hier mag auch die insulare Lage des Dorfes innerhalb der Landwehr eine Rolle gespielt haben. Denn alles, was einmal außerhalb der Landwehr gebracht worden war, konnte schwerlich wieder zurückgeholt werden.

So hatten die Ochtmisser die beiden Fuhren Plaggen in ihre Obhut gebracht, bis das zuständige Schnedegericht entschieden hatte; denn die Bauern aus Vögelsen hatten geglaubt, daß sie diese Plaggen auf ihrer Gerechtigkeit gehauen hätten. Die Ochtmisser dagegen behaupteten, daß der Plaggenhieb in ihrem Bereich vorgenommen worden sei, der zum Schnedegericht Lüne gehörte.

Zur Prüfung der Angelegenheit waren am 11. Oktober 1717 vom Gericht zu Lüne Friedrich August Dittmer und Ludwig August Schrifter beauftragt worden.

Sie hatten den Schlag besichtigt, auf dem der Plaggenhieb für die beiden Fuhren Plaggen vorgenommen wurde und festgestellt, daß „der vorerwähnte Plaggenhieb in der Lüner Go und zwar beynahe einer halben Viertelmeile auf diesseits der Holzschnede geschehen", welches sie „pflichtmäßig" berichteten.[169]

Das bedeutete, daß die Plaggen nach Ochtmissen gehörten.

[169) Archiv LdKr. Lbg. Akte Ochtmissen, Fach 88.11

„alte Begebenheiten"

6. **Der Wachtelfang auf dem Ochtmisser Felde**

hatte mit Prügel geendet. Und das war so gekommen:

Die Lüneburger Bürger Heringslack und Ludemann waren im August 1766 nach dem Ochtmisser Felde gegangen, um dort Wachteln zu fangen. Ihnen hatten sich noch einige Angehörige des Lüneburg liegenden von Goldacker'schen Regiments angeschlossen.

Auf dem Ochtmisser Felde zwischen Wienebüttel und Ochtmissen hatten sie mit dem Fangen von Wachteln das Mißtrauen der auf dem Felde arbeitenden Ochtmisser „Eingesessenen" erregt. Als Heringslack dabei in ein Roggenfeld geraten war, hatten die Ochtmisser nicht länger untätig zugesehen und diesen ergriffen. Es war zur Prügelei gekommen, wobei Heringslack „wohl einige Stöße abbekommen hätte, aber sonst unverletzt geblieben sei". Letzteres sei aber dem Umstand zu verdanken gewesen, daß Heringslack schnellstens davongelaufen sei und sich zum Amtsvogt Hunderdpfund nach Bardowick begeben hätte.

Die Ochtmisser Bauern waren ihm gefolgt und hatten auch ihren „Arrestanten" Ludemann mit zum Amtsvogt Hunderdpfund in Bardowick gebracht.

Der Amtsvogt hatte den Vorfall aufgenommen und den Beteiligten mitgeteilt, daß der schriftliche Bericht zum Amt Winsen/L. gegeben würde. Von dort bekämen sie weitere Nachricht.

Damit war jedoch das Kloster St. Michaelis zu Lüneburg nicht einverstanden gewesen und hatte Ende August 1766 dem Amt zu Winsen/L. geschrieben, daß dieser Fall vor das Feldgericht des Klosters St. Michaelis Lüneburg gehöre.

Der Streit um die Zuständigkeit hatte bis in das folgende Jahr gedauert und schließlich hatte das Amt Winsen/L. dem Kloster St. Michaelis den Inhalt eines Rezesses mitgeteilt, der am 25. Juli 1744 zwischen dem königlichen Amt Winsen und dem Amt Lüne sowie dem Kloster St. Michaelis Lüneburg abgeschlossen worden war, und nach dem das Amt Winsen für den ganzen Ort Ochtmissen zuständig sei.[170]

So hatten Wachtelfang und Prügelei einen behördlichen Papierkrieg entfacht, von dem die ursprünglich Beteiligten sicher nichts geahnt hatten. Auch „Wachtelfänger" Heringslack hatte gewiß bis dahin seinen Schmerz schon längst vergessen.

170) Stadtarchiv Lüneburg, Mich. C 6 Nr. 35

„alte Begebenheiten"

7. Entwaffnung des Lieutenants von der Wense

Ochtmissen, zwar von der Landwehr umschlossen, hatte durch die alte Poststraße, die von Lüneburg über Bardowick nach Harburg führte und durch die Fluren des Ortes ging, des öfteren auch fremde Menschen in seiner Mitte. In Kriegszeiten hatte das Dorf unter durchziehenden Kriegstrupps zu leiden, die den Bauern manchen Schaden zufügten. Mißtrauen und Argwohn gegen alles Fremde waren die natürliche Folge.

Als eines Tages ein Fremder im Gehöft des Lieutenants Westphal mit einem Gewehr auftauchte war und mit diesem auch noch geschossen hatte, waren dessen Knechte nicht untätig geblieben. Sie hatten die Interessen ihres Herrn dadurch wahrgenommen, daß sie dem Fremden das Gewehr kurzerhand abgenommen hatten. Dem Schützen hatte das jedoch nicht gefallen. Die Chronik berichtet darüber:

Auf dem Amte zu Winsen hatten auf Vorladung am 24. Januar 1772 die Knechte des Lieutenants Westphal

Claus Hinrich Hagemann,
Johann Jacob Meyer und
Johann Peter Brackelmann

zu erscheinen.

Ihnen war eröffnet worden, daß gegen sie eine Beschwerde des Herrn Lieutenants von der Wense vorlag, weil sie ihm das Gewehr abgenommen hätten, mit dem er auf dem Hofe des Herrn Lieutenants Westphal geschossen hatte.

Man finde es für nötig, sie deshalb zu vernehmen und die Verantwortung für eine „Thathandlung zu erfordern, welche so sehr wider den Respect laufe, den sie für ihren gedachten Herrn Lieutenant schuldig wären".

Nach ernstlicher Ermahnung auf wahrheitsgetreue Schilderung der Umstände, die sie auf Anforderung durch Eid bekräftigen müßten, erfolgten die Aussagen.

Claus Hinrich Hagemann, 25 Jahre alt und aus Scharnebeck gebürtig, war seit Johannis 1771 auf dem Hofe Westphal. Er sagte, daß vor etwa 14 Tagen ein Fremder aus Lüneburg auf dem Hofe seines Herrn gewesen sei und mit einem Gewehr auf den Schafskoven geschossen habe. Vorher hatte er das Gewehr sogar auf den Hof gehalten. Bei dem Schafskoven hätte sehr viel Stroh gelegen. Ihr Herr sei nicht gegenwärtig gewesen. Weil sie aber befürchtet hätten, daß durch den fremden Schützen Schaden an den Gebäuden hätte entstehen können, seien sie gemeinsam auf den Fremden zugegangen und hätten ihm das Gewehr abgenommen. Danach sei der Fremde ins Haus gegangen und hätte die Sache der Frau berichtet und gesagt, daß er der Lieutenant von der Wense sei, worauf er „comparent", das Gewehr auf Befehl seiner Herrin dem Fremden wieder „zugestellet" hätte.

Johann Jacob Meyer, 24 Jahre alt, aus Scharnebeck gebürtig und ebenfalls als Knecht auf dem Hofe Westphal tätig sowie Johann Peter Brackelmann, 18 Jahre alt und aus Rottorf gebürtig, gleichfalls als Knecht im Hofe Westphal dienend, sagten beide etwa dasselbe aus wie Hinrich Hagemann. Dabei hatte Brackelmann noch betont, daß alle drei es für ihre Schuldigkeit erachtet hätten, für die Erhaltung der Gebäude ihres Herrn Sorge zu tragen.[171] Mit diesen Aussagen war der Fall abgeschlossen. Leutnant Westphal war 1772 Pächter des Hofes St. Michaelis Kloster Lüneburg.[172]

[171] Stadtarchiv Lüneburg, Mich. D 87, Nr. 7
[172] Stadtarchiv Lüneburg, Mich. D 87, Nr. 8

„alte Begebenheiten"

8. **Der Hammelkrieg mit den Schrangenschlächtern**

hatte sich über viele Jahre erstreckt.

Bereits im Jahre 1767 war mit dem Kloster St. Michaelis zu Lüneburg eine Verabredung getroffen worden, nach der die Schrangenschlächter ihre Schlachthammel auf einem vorgesehenen Distrikt weiden durften. Diese Verabredung scheint aber nicht eingehalten worden zu sein. In den folgenden Jahren waren die Schlachthammel der Lüneburger Schrangenschlächter immer wieder auf Weiden der Ochtmisser Bauern getrieben worden.

Obwohl den Ochtmissern ein Schadenersatz von 82 Talern und 14 Groschen zuerkannt worden war, hatten sie im Juli 1772 dennoch 27 Stück und am 29. September desselben Jahres 258 Schlachthammel gepfändet. Für deren Herausgabe hatten sie etwas über 4 Taler als Kosten erhalten; aber sie hatten einen Hammel zu wenig zurückgegeben, für den die Schrangenschlächter 2 Taler haben wollten.

Im November hatten die Ochtmisser abermals 2 Schlachthammel gepfändet, als diese auf einer Stoppelweide gewesen waren.

Die Schrangenschlächter waren daraufhin auch nicht untätig gewesen und hatten ihrerseits den Ochtmissern 77 Schafe von der Weide gepfändet. Sie taten das, „um einigermaßen zu ihrem Recht zu kommen."

Im Hinblick auf die Pfändung der Schlachthammel von der Koppelweide hatten die Schrangenschlächter angeführt, daß diese nach der Ernte zum größten Teil wieder umgepflügt worden wäre, und daß die Ochtmisser zum Benutzen dieser Weide gar keine Zeit gehabt hätten.

Nachdem dieser Hammelkrieg auch Ämter und Gerichte beschäftigt hatte, war es am 20.01.1773 zu einer Vergleichs-Verhandlung gekommen, bei der die beiderseitigen Zugeständnisse festgelegt wurden.[173]

---

173) Stadtarchiv Lüneburg, Mich. D 87, Nr. 4

In der Breitenwiese zu Ochtmissen wurde Torf gestochen

Die Bauern der 7 Vollhöfe zu Ochtmissen hatten ein Torfstichgebiet in der Breitenwiese gemeinsam ausgewertet. Jeder Vollhof hatte daran seinen vorgesehenen Anteil. Das ging aus einem Kaufvertrag hervor, der am 1. August 1815 über den Gutshof des Klosters St. Michaelis zu Lüneburg zwischen dem Erbzinsmann Alberts aus Radbruch und dem Branntweinbrenner Koch zu Lüneburg abgeschlossen worden war. Auch ein Haus war dort errichtet worden.
Mit dem Besitzer des „Torfbackhauses" hatte es Ärger gegeben.

Vom damaligen Klostervorsteher Alberts hatte dessen Kutscher Ilch die Genehmigung erhalten, auf dem Ochtmissener Anteil der Breitenwiese ein Haus zu bauen in seiner Eigenschaft als Aufseher für den dortigen Torfstich. Es wurde als „Torfbackhaus" bezeichnet.
Das Haus sei 70 Fuß lang, 28 Fuß breit und sehr leicht gebaut gewesen. Es habe Wohnräume und auch eine Stallung für die Pferde enthalten. Der Torfstecher habe den Torf nur an eigenen (des Klostergutes) und anderen anteiligen Verkaufsteilen abstechen lassen.
Nach einem Bericht hatten im Torfbackhaus auch zeitweise „Häuslinge" gewohnt; deshalb sei dieses aber nicht als „Brinksitzer-Stelle" anzusehen gewesen.
Ein späterer Antrag auf Erweiterung des Torfbackhauses durch einen Anbau wurde abschlägig beurteilt, weil dieses Haus doch nur zur Torfgewinnung errichtet worden sei und der Torfstich in wenigen Jahren zu Ende gehen würde.

Gegen den Torfbäcker Ilch hatte 1802 der Pächter der Schleuse, Jürgens, geklagt.
Jürgens hatte Ilch vorgeworfen, daß er in seinem Torfbackhaus Bier und Branntwein ausschenken würde, und zwar nicht nur an seine Arbeiter im Torfstich, sondern auch an die Schifferknechte, die ihre Fahrzeuge an der Breitenwiese anländen würden. Ilch hätte eine „vollkommene Krugwirtschaft" betrieben, in der er monatlich ein Viertel „Oxhoft" Branntwein und zwei Tonnen Bier „verselzte", und das, indem Ilch als Torfaufseher ein jährliches Gehalt von 200 Talern habe.
Er, Jürgens, dagegen habe nur seine Pachtung der Schleuse mit dem Kruge und kein weiteres Einkommen, das nun dadurch, daß ihm Ilch durch seine unerlaubte Krugwirtschaft die Gäste nähme, auch noch geschädigt würde.
In einer Entscheidung des Amtsvogtes zu Bardowick wurde schließlich dem Torfaufseher Ilch vom 10. Mai 1802 an der Ausschank von Bier und Branntwein untersagt. Bei Verstoß waren zwanzig Taler Strafe und im Wiederholungsfalle „Confiscation" des Betriebes angedroht worden.[174]

In einem Kaufvertrag über das Klostergut St. Michaelis zu Ochtmissen zwischen dem Klosterverwalter Conrad Leopold Alberts und dem Branntweinbrenner Heinrich Daniel Ludolph Koch zu Lüneburg vom 01.08.1815 wurde der noch bestehende Torfstich in der Breitenwiese mit einbezogen. Nach beendeter Aussticht blieben Grund und Boden beim Käufer.[175]

[174] Archiv Ldkr. Lüneburg — Ochtmissen — Fach 82.2 und 255.40
[175] Stadtarchiv Lüneburg, Mich D 87, Nr. 9

Heimsuchung Ochtmissens durch epidemische Krankheit

Um 1802 wurde Ochtmissen von einer „epidemischen Krankheit" heimgesucht. Ihr Verlauf und auch ihre Merkmale sind in der Chronik nicht aufgeführt. Etwas Aufschluß gibt die Rechnung des Apothekers Dempwolff, in der die vom Arzt und Landphysikus Dr. Karsten bestätigten Heilmittel ausführlich benannt sind.

Nach dieser Berechnung empfingen an Arznei:

Herr Alberts Knecht	v. 13. – 16. Nov. 1804 2 Mixtur, 1 x zum Gurgeln, 1 x Saft, 1 x flüchtige Salbe;
Frau Garben	v. 3. – 19. Nov. 1804 2 x Mixtur, 2 x stärkende Tropfen, 1 Quartier alten Franzwein;
Gottspennigs Knecht	v. 27. Okt. – 9. Nov. 1804 5 x Mixtur;
für dessen Mädchen	v. 21. – 26 Nov. 1804 1 x Mixtur, 1 x stärkende Mixtur, 1 x Chinatrank;
Harmen	v. 20. Sept. – 14. Okt. 1804 2 x Tropfen, 4 x Mixtur;
Harmen Sohn	v. 2. Okt. – 2. Nov. 1804 5 x Mixtur, 1 x Chinatrank, 3 x Tropfen, 1 x Saft;
Harmen Mädchen	v. 30. Sept. – 20. Okt. 1804 6 x Mixtur, 1 x stärkende Mixtur, 2 x Chinatrank, 2 x flüchtige Salbe;
Rieckmann	v. 28. Okt. – 13. Nov. 1804 10 x Mixtur, 4 x 1 Quartier alten Franzwein, 1 x Tropfen, 2 x Naphta, 6 x 12 Hofehus-Pulver, 2 x Chinatrank, 1 . . .Pflaster;
dessen Mädchen	v. 27. Okt. – 7. Nov. 1804 1 Brechpulver, 2 x Mixtur, 1 x stärkende Mixtur, 2 x Chinatrank;
dessen Kuhhirte	v. 7. – 19. Nov. 1804 1 x Mixtur, 3 x Chinatrank;
des Kuhhirten Frau	v. 12. – 26. Nov. 1804 6 x Mixtur, 2 x Chinatrank, 3 x 1 Quartier alten Franzwein;
Schweinehirte Werner	v. 23. Okt. – 21. Nov. 1804 4 x Mixtur, 3 x beruhigende Tropfen, 4 x Chinatrank, 1 x flüchtige Salbe, 4 x 1 Quartier alten Franzwein;
dessen Kinder	v. 13. – 17. Nov. 1804 2 x Mixtur, 4 x Chinatrank, 1 x beruhigende Tropfen, 1 x Saft, 1 x 1 Quartier alten Franzwein.

Der Rechnungsbetrag ist in „Cassen Münze" 80 Rthl und 6 &.

Lüneburg, den 6. Dezember 1804

gez. Z. P. Dempwolff

attestiert gez. Karsten, Dr. u. Landphysikus [176)]

---

176) Nieders. Hauptstaatsarchiv
Hannover, Hann. 74, Winsen/L. Nr. 1273

Kosten der Krankheit in Ochtmissen trug die ganze Vogtei Bardowick

Die Behandlung der an dieser „epidemischen Krankheit" leidenden Patienten hatte der Landphysikus Dr. Karsten durchgeführt.

Für ihn und für die Medikamente des Apothekers Dempwolff zu Lüneburg waren Kosten von insgesamt 96 Talern und 6 Pfennigen aufzubringen. Die Betroffenen waren der Meinung, daß ihre Krankheit zu dem Begriff höhere Gewalt gehöre und die Kosten für Arzt und Apotheker von der ganzen Vogtei Bardowick aufgebracht werden müßten.

Diesem Wunsche war auch von dem „Lüneburgischen und Hoyaschen Polizei- und Städte-Department" stattgegeben worden.

Aber darüber hatte es noch lange Zeit Meinungsverschiedenheiten gegeben, bis nach einer Besprechung beim Amte in Winsen vom 14. September 1805 festgesetzt worden war, daß von den Dörfern der Vogtei Bardowick die Kosten wie folgt zu zahlen waren:

Bardowick	29 Taler	10 Groschen	– Pfennig
Clues	– Taler	24 Groschen	2 Pfennig
St. Dionys	4 Taler	36 Groschen	1 Pfennig
Dreckharburg	8 Taler	22 Groschen	– Pfennig
Handorf	15 Taler	23 Groschen	4 Pfennig
Mechtersen	6 Taler	11 Groschen	4 Pfennig
Ochtmissen	5 Taler	19 Groschen	2 Pfennig
Vögelsen	5 Taler	– Groschen	– Pfennig
Wittorf	17 Taler	21 Groschen	3 Pfennig
Radbruch bei Mechtersen	6 Taler	12 Groschen	– Pfennig
Zusammen	96 Taler		

Nach dieser Festsetzung waren die Zahlungen noch ausgeblieben und erst die Androhung von Zwangsmitteln veranlaßte die Betroffenen Orte zur Zahlung der für sie festgesetzten Quoten.[177]

Für den Bürger unserer Zeit ist es kaum vorstellbar, welche Sorgen in der versicherungslosen Vergangenheit auf die Menschen zukamen, wenn sie längere Zeit krank waren und den Arzt brauchten.

Die Krankenversicherungspflicht ist in Deutschland erst im Jahre 1883 gesetzlich eingeführt worden.[178]

---

177) Nds. Hpt.-Staatsarchiv Hannover, Hann. 74, Winsen/L. Nr. 1273
178) Stein, Kulturfahrplan, S. 943

Lüneburg beanstandete Holzschlag der Ochtmisser an der Landwehr

Die Ochtmissener hatten Holz an der Landwehr geschlagen, von dem sie angenommen hatten, daß es in ihren Flurbereich gehöre. Die Stadt Lüneburg hatte das bestritten.

In einem Schreiben an den Amtsvogt zu Bardowick vom 16. Februar 1807 war die Dorfschaft Ochtmissen beschuldigt worden, unberechtigt an der südöstlichen Kante des Landwehrgrabens Holz abgehauen zu haben.

In einer Begehung durch die Brügermeister Dr. Kruckenberg und Meyer mit dem „Camerario" v. Dassel, dem Bauschreiber Ravens, dem Aumeister Maack, dem Reitenden Diener Müller sowie den Holzknechten Cano und Ehlebeck, die vom Schlagbaum Vögelsen-Brockwinkel auf dem Auswurf des südöstlichen, äußeren Landwehrgrabens durchgeführt worden sei, wäre festgestellt worden, daß etwa 30 Eichen und Ellern abgehauen worden wären.

Die Stärke der Bäume wurde mit einem Stupfdurchmesser an der Schnittstelle in Größen zwischen 4 Zoll und 2 Fuß und 4 Zoll angegeben.

Der Schaden hätte 16 Taler und 18 Gutegroschen betragen und wäre zu ersetzen gewesen. Der wirkliche Schaden sei aber wesentlich höher einzuschätzen, weil die Bäume noch jung, gesund und nicht schlagreif gewesen wären.

Daraufhin hatte der Amtsvogt Kleffer zu Bardowick mit den von Ochtmissen benannten Deputierten Johann Jacob Garben und Großköthner Heinrich Dietrich Gottespfennig die angegebene Holzung untersucht.

Dabei habe der Augenschein ergeben, daß es nur zwei geringe Eichen und sieben Ellern von 3 bis 5 Zoll Durchmesser gewesen wären, die, wenn es streng genommen würde, für die Stadt Lüneburg hätten stehen bleiben müssen. Der Wert betrage 2 bis 3 Taler.

Im Übrigen hätte das Holzabhauen in aller Offenheit stattgefunden und der Holzknecht Ehlebeck, der nahe bei der Stelle wohne, habe zugesehen und nicht dagegen gesprochen.

Der Streit ist auch dem Amt Winsen vorgetragen worden. Von dort wurde mit Schreiben vom 13. März 1807 der Stadt Lüneburg ein Vergleich in Höhe von 5 Talern vorgeschlagen und gleichzeitig bemerkt, daß die Festsetzung des Landwehr-Holzungsrechtes durch eine Sachverständigen-Kommission andernfalls notwendig würde.

Bei diesem Vergleich ist es sehr wahrscheinlich verblieben.[179]

---

179) Archiv Ldkr. Lbg. Akte Ochtmissen, Fach 88.2

1825
Die Eisenbahn kündigte sich an — wie nahmen die Bürger Stellung?

In einem Schreiben der Königlich Großbritannisch Hannoverschen Landdrostei (seit 1823 eingerichtet — heute Regierung —) vom 20. September 1825 wurden die Bürger in und um Lüneburg um Stellungnahmen zu einer von Hannover bzw. Braunschweig über Lüneburg nach Harburg führenden Eisenbahn ersucht, die von Seiten der Eisenbahngesellschaft geplant sei.

Die Linienführung der Bahn war so ausgelegt, daß sie von Lüneburg in Richtung Bardowick und weiter im Ochtmissener Bereich mitten durch die Feldmark lief und dabei die Felder und Wiesen mehrerer Höfe durchschnitt.

Von den Bauern Ochtmissens, deren Höfe damals noch unter Gutsherrschaft standen, sind keine Einwände bekannt. Auch Hartwig Johann Staasty v. Dassel, der den freien Hof besaß, erhob keinen Widerspruch.

Aus Lüneburg liegen eine große Anzahl Stellungnahmen vor, die sich zum Teil sehr ablehnend äußern.

Die Firma Schulz und Sohn kommt in ihrer Stellungnahme zu dem Schluß:

„Eines der unglücklichsten aller in der neueren, anscheinlichen Projekten so reichhaltigen Zeit, ist unstreitig das von ‚ausländischen Entepresseurs intendirte' Projekt der Veranlagung einer Eisenbahn von Braunschweig, sey es nun bis hier oder, was noch unheilbringender wäre, bis zur Elbe ... und glaube beweisen zu können, daß unserem Lande nicht leicht ein noch größeres Unglück bevorsteht."

Die Spediteure Lüneburgs hatten ihre Stellungnahme in einem gutachtlichen Beitrage abgegeben, der etwa 170 Seiten enthielt. In ihm wurden die Leistungen dieses Gewerbes eingehend dargelegt und in ausführlichen Aufstellungen gewürdigt.
Die Schlußfolgerung dieser am 24.12.1825 dargelegten Stellungnahme lautete u. a.:

„Sonach kann den in aller und jeder in dem Vorstehenden berührten Hinsicht wohl kein Zweifel darüber sein, daß die Eisenbahnanstalt, wovon der Plan vorliegt, den Interessen der hiesigen Lande im allgemeinen nicht entspricht, sie vielmehr nach ihrem Wesen und Zwecke gegen die zum größten Theile höchst unsicheren Vorteile, welche sie darbietet, ein Übermaß verderblicher Folgen für Städte und Land unausbleiblich mit sich führt." [180]

1847
Der Bau der geplanten Eisenbahnlinie wurde durchgeführt und am 1. Mai 1847 die Strecke Uelzen-Lüneburg-Harburg eröffnet.
Der Flecken Bardowick hatte den Bau der Bahnlinie auf seine Weise dadurch unterstützt, daß er das erforderlich werdende Terrain für eine „Anhaltestelle" und Bau der Station in Größe von etwa 2 Morgen Land kostenlos zur Verfügung gestellt hatte. [181]

---

180) Stadtarchiv Lüneburg E 3 Nr. 1
181) Archiv Ldkr. Lüneburg, Ochtmissen Fach 283.50

Nach dem Bau der Bahnlinie Lüneburg – Harburg war ein weiterer Bau einer Bahnlinie Wittenberge – Buchholz geplant, deren Bahnstrecke ebenfalls durch die Fluren Ochtmissens führen sollte. Die Planfeststellungs- und Vermessungsverfahren waren durchgeführt worden, und am 9. Juli 1873 hatte im Dorfkrug Garben eine Verhandlung stattgefunden, in der die Entschädigung für die abzutretenden Grundstücke festgesetzt werden sollte.

Dazu waren die Beauftragten der Eisenbahngesellschaft erschienen und aus Ochtmissen

    Ortsvorsteher und Doppelvollhöfner Wilhelm Hellmann,
    Vollhöfner Georg Hänel,
    "   Wilhelm Harms,
    "   Heinrich Hermann Garben jun. (Hof Nr. 3),
    "   Heinrich Hermann Garben (Hof Nr. 7),
    "   Hptm. a. D. Albrecht v. Dassel „namens der fürstlichen Erben des Meierhofbesitzers Lt. a. D. v. Dassel".

Den beteiligten Bauern waren die jeweiligen Größen ihrer abzutretenden Grundstücke an Acker, Wiese, Weide, Heide und Holzung bekanntgegeben worden.

Die Grundstückspreise hatte man festgelegt nach dem Vermessungsregister vom 15. Juli 1872. Sie betrugen:

    für Acker und Wiese je Morgen, je nach Güte, 400 bis 500 M,
    für Heide je Morgen 100 M,
    für Holzung je Morgen 45 bis 50 M.

Einwendungen der Bauern sind hier keine bekannt.[182]

Diese Bahnstrecke war zweigleisig ausgebaut und im Jahre 1873 in Betrieb genommen worden.

---

182) Archiv Ldkr. Lüneburg, Ochtmissen, Fach 262.50

Die Erbuntertänigkeit war um 1807 abgeschafft worden.

Die Bauern waren endlich freie Menschen! Aber noch immer waren sie ihren Grundherren dienst- und zinspflichtig. Ihre volle Freiheit erhielten sie erst durch die

Ablösung von der Grundherrschaft.

Sie erfolgte im damaligen Königreich Hannover nach einer Verordnung, die Wilhelm der IV., von Gottes Gnaden, König des vereinigten Reichs Großbrittannien und Irland etc., auch König von Hannover, Herzog zu Braunschweig und Lüneburg etc. etc. zu Brighton, am 10. November 1831 erlassen hatte, und die zu Hannover am 30. November 1831 herausgegeben worden war.

Danach war zur Beförderung des Ackerbaues für angemessen erachtet worden, die Ablösung der auf einem Teile des Grundeigentums ruhenden Lasten, Abgaben und Beschränkungen unter angemessener Feststellung der Verhältnisse der Bauernhöfe nach geschehener Befreiung zu gestatten.

In Ochtmissen waren alle Meierhöfe zur Ablösung berechtigt bis auf den Hof der Familie von Dassel, der ein freier Hof war, und der somit keiner Ablösung bedurfte.

Die Ablösung der Höfe sollte in gütlicher Vereinbarung erfolgen. Nur wenn diese nicht erzielt werden konnte, war gesetzliche Regelung vorgesehen.

Bei den 6 Ochtmisser Meierhöfen geschah die Ablösung durch Zahlung einer Geldsumme. Zum Feststellen dieser Summe waren zunächst die Durchschnittspreise der Fruchtlieferungen und Dienste aus den vergangenen 24 Jahren im Mittel zu errechnen. Der auf diese Weise festgestellte Jahresbetrag einer Geldsumme war mit dem 25fachen Betrage als Ablösesumme an den Grundherrn zu zahlen.

Die Lehnsherren, Erbberechtigten usw. konnten der Ablösung von den Lasten des Grundeigentums nicht widersprechen, ihre Zuziehung war nur insoweit nötig, als es auf die Sicherung ihrer Rechte nach vollzogener Ablösung ankam.[182]

Eine Kreditanstalt für die Ablösung von der Grundherrschaft

ließ König Ernst August von Hannover am 8. September 1840 errichten.

Die Rechte und Pflichten dieser Anstalt wurden von einem Vorstand unter dem Namen „Direction der Hannoverschen Creditanstalt für Ablösungen" vertreten.

Die Kreditanstalt streckte den Bauern die zur Ablösung notwendigen Geldmittel gegen Verzinsung vor und schützte sie vor Verschuldung. Nach festgelegten Bestimmungen sollten die vorgestreckten Gelder durch jährliche Beiträge allmählich getilgt werden. Sie durften nicht gekündigt werden, solange der Schuldner seine Pflichten erfüllte. Die Bauernhöfe sollten erhalten bleiben.

Die von der Kreditanstalt gegebenen Darlehen für die Ablösung waren hypothekarisch einzutragen. Sie durften nicht weiter belastet werden.

Das Ablösungskapital wurde in Goldmünzen ausgezahlt, nachdem der Antragsteller durch den Original-Ablösungsrezeß und sonstige schriftliche Unterlagen über die wirtschaftliche Beschaffenheit seines Hofes der Direktion der Hannoverschen Kreditanstalt glaubwürdig Auskunft gegeben hatte. Die Höhe des Kredits lag in einem bestimmten Verhältnis zur Größe seines Hofes und der Ablöseschuld.[184]

---

183) Archiv Ldkr. Lüneburg, Ges.-Sammlung No 43, v. 30.11.1831
184) Archiv Ldkr. Lüneburg, Ges.-Sammlung No 37, v. 08.09.1840

1847

Nach Ablösung der Höfe begannen Grundstücksverkäufe.

Der Chausseewärter Bätje, wohnhaft in der zu Lüneburg gehörenden Papenburg, hatte die Absicht, in Ochtmissen eine Abbaustelle zu errichten und das hierfür notwendige Land von dem Vollhöfner und Bauermeister Meyer zu erwerben, dessen Hof nach Ablösung aus dem Meierverbande gutsherrnfrei geworden war. Der diesbezügliche

Kaufvertrag

zwischen dem Vollhöfner und Bauermeister Christoph Heinrich Meyer zu Ochtmissen und dem Chausseewärter Joachim Heinrich Bätje aus Lüneburg
war am 13. Mai 1847 abgeschlossen worden.

Nach diesem Vertrage erwarb Bätje 3 Morgen von den Ländereien, die auf den Krummstücken unterhalb des Ziegelhofes lagen und westlich von der Eisenbahn, südlich, östlich und nördlich von den Grundstücken des Vollhöfner Heinrich Hermann Garben begrenzt wurden.
Der Kaufpreis betrug 500 Thaler, in Worten Fünfhundert.

Zu diesem Grunderwerb für die Abbaustelle waren seitens der Ochtmissener Bauern eine Reihe von Bedingungen gefordert worden, die der Käufer erfüllen sollte und, weil es sich um den ersten Fall einer Abbaustelle handelte, in ähnlichem Inhalt für weitere Abbaustellen gelten sollten.
Hierzu hatte der Bauermeister Meyer, der zugleich der Verkäufer war, die Bauern der Ortschaft und den Käufer zu einer Zusammenkunft geladen, zu der erschienen waren:

1. Chausseewärter Joachim Heinrich Bätje aus Lüneburg,
2. Bauermeister und Vollhöfner Martin Christoph Heinrich Meyer aus Ochtmissen,
3. Vollhöfner Johann Nicolaus Harms zu Ochtmissen,
4. Vollhöfner Johann Georg Christoph Rieckmann zu Ochtmisssen,
5. Vollhöfner Hartwig Johann Staats v. Dassel zu Ochtmissen,
6. Vollhöfner Heinrich Martin Garben zu Ochtmissen, sen.,
7. Vollhöfner Georg Wilhelm Heinrich Hellmann zu Ochtmissen, sen.

Der Vollhöfner Heinrich Hermann Garben war trotz Ladung ferngeblieben.

Die Erschienenen hatten gegen die Errichtung der vorgesehenen Abbaustelle keine Einwände gemacht, nachdem Bätje erklärt hatte, daß er als künftiger Abbauer bereit sei, zu allen öffentlichen Verbandslasten nach den Verhältnissen beizutragen, welche bereits durch Gesetz feststünden oder künftig noch festgestellt würden. Auch die Kommunallasten zum 12. Teile eines Vollhofes hatte er versprochen zu leisten. Er hatte ferner für die kirchlichen, geistlichen und Schullasten der Ortschaft einen feststehenden Betrag zu leisten, zugesichert.
An Dominallasten hatte er sich bereit erklärt, anstelle des

Burgfestengeldes	von	10 ggr 3 &	und eines
Rauchhuhngeldes	von	3 ggr	
zusammen		13 ggr 3 &	

als eine ständige unablösbare Rente von jährlich 13 ggr 3 & auf Martini zu leisten und diese bei der Amtskasse zu Winsen/L. unmittelbar einzuzahlen.[185]

---

185) Archiv Ldkr. Lüneburg, Ochtmissen, Fach 222.10

Die Besichtigung des zum Hausbau bestimmten Platzes hatte ergeben, daß dieser etwa 140 Ruten vom Harm'schen „Backhause" und 80 Ruten vom nächsten Gebäude der Landwehr, der Papenburg entfernt lag.[186]

Beim Bau des Hauses sollten die Vorschriften der Feuerordnung gehörig beobachtet und die Grundhölzer einen Fuß hoch über der Erde auf Stein gelegt werden, bei Vermeidung einer Strafe von 10 Thalern.

Nicht minder wurde die gehörige Sicherung der Bodenluken in dem neuen Hause zur Pflicht gemacht und desgleichen, statt trockener Zäune und hölzerner Befriedigungen wegen derer Gefährlichkeit bei Feuerbrunst, lebendige Hecken, Steinmauern oder Erdwälle anzulegen.

Den Kaufvertrag, einschließlich der Bedingungen seitens der Ortschaft zu Ochtmissen, hatte am 31.05.1847 der Amtsvogt Riechelmann zu Bardowick der Landdrostei vorgelegt. Daraufhin hatte die Königlich Hannoversche Landdrostei am 18. Juni 1847 dem Chausseewärter Joachim Heinrich Bätje gestattet, vom 1. Juli 1850 an eine Abbaustelle in Ochtmissen zu errichten mit einer Größe von drei Morgen.[187]

1858
Heinrich Hermann Garben kauft Abbaustelle mit Brennerei.

Vor dem Notar Dr. jur. Joh. Friedrich Ernst Beyer zu Lüneburg war am 27. November 1858 ein Kaufvertrag abgeschlossen worden zwischen

1. dem Vollhöfner Nicolaus Harms aus Ochtmissen, Haus Nr. 1 und
2. dem Bauernsohn Heinrich Hermann Garben aus Ochtmissen
   unter Beisein der Zeugen
   Schuhmachermeister Stegen aus Lüneburg und
   Schuhmachermeister Hoffmeister aus Lüneburg.

Nicolaus Harms verkaufte an Heinrich Hermann Garben ein Areal von 80 Quadratruten, auf dem ein altes Brennhaus stand.

Das Stück Land mit dem Brennhaus und etwas Garten lag zwischen dem Wohnhause des Verkäufers und dem des Vollhöfners Meyer, an der Chaussee von Ochtmissen nach der Papenburg (heute Bernsteinstraße).

Der Kaufpreis für Brennhaus einschließlich Grundstück mit Hof und Garten betrug 1000 Thaler (Tausend).

Der Käufer hatte 500 Thaler zu Weihnacht in bar zu zahlen. Der Rest von 500 Thalern war bei 1/2 jähriger Kündigung mit 4 % zu verzinsen.

Nach weiteren Verhandlungen zum Kaufvertrag war Heinrich Hermann Garben vor dem Königlichen Amt zu Lüne verpflichtet worden, den 24. Teil eines Vollhöfner und die allgemeinen Lasten für Schule und Kirche zu leisten.

Am 29. Juni 1859 wurde dieser Kauf zur Errichtung einer Abbaustelle in Ochtmissen von der Königlich Hannoverschen Landdrostei genehmigt.[188]

Die Abbauern in Ochtmissen übten größtenteils ihren Beruf aus und betrieben die Abbaustelle als Nebenerwerb aus Feld und Garten.

---

186) 1 Hannoversche Rute hatte 4,674 m zu 16 Fuß = 0,292 m je Fuß
187) Archiv Ldkr. Lüneburg, Akte Ochtmissen, Nr. 222.10
188) Archiv Ldkr. Lüneburg, Akte Ochtmissen, Nr. 222.12

1869
Ochtmissen wuchs durch weitere Ansiedlung von Abbauern

Nach Ablösung von der Grundherrnschaft um die Mitte des 19. Jahrhunderts waren die Bauern als nunmehrige Herren ihres Hofes in der Lage, einigen Bewerbern von Abbaustellen kleinere Grundstücke für diese Zwecke abzugeben.

Voraussetzung für die Anlage von Abbaustellen war in jedem Falle die Genehmigung der Königlich Hannoverschen Landdrostei gewesen.

Die betreffenden Grundstücke hatten etwa eine Größe von 1/2 bis 4 Morgen. Sie wurden sowohl im Dorfe als auch an dessen Randgebiet verkauft.

Die erste Abbaustelle hatte um 1848 – 50 Joachim Heinrich Bätje aus Lüneburg errichtet.

Das Genehmigungsverfahren innerhalb der Bauernschaft war bei diesem ersten Falle sehr umfangreich und gründlich verlaufen. Alle einzelnen Auflagen waren durchgesprochen worden, die der künftige Abbauer zu erfüllen hatte.

Dabei waren Maßstäbe gesetzt worden, die für alle weiteren Bewerber von Abbaustellen ihrer Grundstücksgröße entsprechend angewendet werden konnten.

Nachstehend seien einige Abbaustellen genannt:

Am 09.06.1869 kaufte der
Bahnwärter Friedrich Schrader aus Ochtmissen von dem
Vollhöfner Wilhelm Hellmann zu Ochtmissen
4 Morgen Land zur Errichtung einer Abbaustelle, die am 28.06.1869 von der Königlich Hannoverschen Landdrostei genehmigt wurde.[189]

Vorstehende Abbaustelle hat Friedrich Schrader am 20.08.1879 an Heinrich Koch in Ochtmissen verkauft, der sich zur Übernahme aller Abgaben und Pflichten bereit erklärt hatte.[190]

Der Arbeiter Gottfried Christoph Koß kaufte am 08.11.1876 von dem Vollhöfner Georg Heinrich Hänel in Ochtmissen 81 ar 90 qm Land zur Errichtung einer Abbaustelle. Er verpflichtete sich zur Übernahme aller Lasten und Pflichten für Staat, Gemeinde, Schule und Kirche.[191]

Der Zimmermann Peter Völker in Ochtmissen kaufte am 20.08.1879 vom Vollhöfner Wilhelm Harms in Ochtmissen 3/4 Morgen und vom Vollhöfner Wilhelm Hänel in Ochtmissen 1/2 Morgen, gelegen beim Köthgarten in Ochtmissen, zur Anlage einer Abbaustelle. Er verpflichtete sich zur Übernahme der vorgeschriebenen Lasten und Pflichten für Staat, Gemeinde, Schule und Kirche.[192]

Am 10.05.1893 kaufte der Stationsarbeiter Heinrich Schulz in Ochtmissen vom Vollhöfner Hermann Garben in Ochtmissen 1/2 Morgen Land für ein Wohnhaus, gelegen an der Chaussee, genannt Zeltberg und bat um Ansiedlungsgenehmigung lt. Ges. v. 4. Juli 1887.[193]

Am 06.09.1893 kaufte der Zimmermann Sticht aus Lüneburg ebenfalls vom Vollhöfner Hermann Garben 3/4 Morgen Land für ein Wohnhaus an der Chaussee, genannt Zeltberg.[194]

---

189) Archiv Ldkr. Lüneburg, Akte Ochtmissen Nr. 242.26
190) " " " " " " 222.14
191) " " " " " " 222.14
192) " " " " " " 222.14
193) " " " " " " 222.14
194) " " " " " " 222.14

Ochtmissen hatte einen Nachtwächter

Aus einer Vereidigungsverhandlung vom 5. Dezember 1851 geht hervor, daß Ochtmissen zu dieser Zeit einen Nachtwächter hatte.

An diesem Tage sollte August Werner aus Ochtmissen für die kommenden Jahre neu verpflichtet werden, seinen Dienst als Nachtwächter in Ochtmissen zu verrichten.
Dabei sollte auch die Dienstzeit festgelegt werden, die Werner zu lang erschien. Die Verhandlung fand beim königlichen Amt in Winsen statt, und dort war festgesetzt worden, daß August Werner im Winter von 10.00 Uhr (22.00) bis 4.00 Uhr seine „Ronden" gehen und rufen sollte. Im Sommer sollte er von 11.00 Uhr (23.00) bis 3.00 Uhr gehen. Werner dagegen wollte auch im Winter erst um 11.00 Uhr mit seinen Ronden beginnen. Das Verlangen wurde aber wegen der Sicherheit in den langen Winternächten abgelehnt.

Außerdem hatte Werner beim Amt zu Winsen beanstandet, daß sein Dienst viel zu gering bezahlt würde.

Das Amt Winsen hatte sich nach kurzer Besprechung bereit erklärt, das Gehalt für die kommenden Jahre für den Nachtwächter August Werner aufzubessern. Damit war dieser einverstanden, und nach Vereidigung aufgrund festgelegter Eidesformel war August Werner als Nachtwächter für Ochtmissen weiterhin verpflichtet worden. (Über die Höhe des Gehalts enthielt der Bericht keine Angaben.)[195]

Grundstücksverkauf für eine Ziegelei

Der Vollhöfner Martin Christoph Heinrich Meyer zu Ochtmissen verkaufte dem Kaufmann Friedrich Christoph Koellmann zu Lüneburg ein Grundstück, auf dem Koellmann eine Ziegelei errichten wollte.
Dieser Kaufvertrag ist am 5. Dezember 1851 abgeschlossen worden.

Der vormalige Meierhof von Martin Heinrich Meyer war durch Ablösung aus dem Meierverband gutsherrnfrei geworden. Er hatte zuvor zum von Schenck'schen Lehngut Lindhorst gehört.

Über den Käufer Koellmann schrieb W. Reinecke in seiner Geschichte über Lüneburg:
„... galt doch Ludwig Koellmann senior (+ 1850), Erbauer einer großen Ziegelei in Ochtmissen, als der reichste Mann in Lüneburg." [196]

Da für Ludwig Koellmann das Todesjahr 1850 angegeben und der Vorname Ludwig im Kaufvertrag nicht enthalten ist, dürfte es sich um den Sohn desselben handeln, der die Ziegelei in Ochtmissen baute.

Nach der Zeigelei war in Ochtmissen auch ein Weg „Am Ziegelhof" benannt worden. Im Zuge der Eingemeindung mußte er aber umbenannt werden, weil in Lüneburg schon ein solcher Straßenname vorhanden war.
Dieser Weg wurde 1974 in Backsteinhof umbenannt. Er führt in Richtung dieser ehemaligen Ziegelei.

---

195) Archiv Ldkr. Lüneburg – Ochtmissen – Fach 173.30
196) W. Reinecke; Geschichte d. Stadt Lüneburg, Bd. II, S. 485

Das Gesetz über die Zusammenlegung der Grundstücke (Verkopplung) für das Königreich Hannover vom 30. Juni 1842 sollte zu einer besseren Wirtschaftlichkeit der Bauernhöfe verhelfen.

In den Dörfern lagen die Felder der einzelnen Höfe nicht selten in schmalen Streifen über den Ort verteilt. Solcher Streubesitz erschwerte eine wirtschaftliche Nutzung.

Nach den Grundsätzen der Verkopplung sollten die Grundstücke einer jeweiligen Markgenossenschaft zu größeren Flächen vereinigt werden. Dazu waren zunächst die Grundstücke sämtlicher Teilnehmer zu einer Masse zu vereinigen, aus der jedem Teilnehmer sein dazu hergegebener vereinzelter Grundbesitz nach Verhältnis der Größe und Güte zu ersetzen war.
Jedem Teilnehmer war Ersatz an Grund und Boden zu leisten. Die neu ermittelten Grundstücke sollten möglichst zusammenhängend, in wirtschaftlicher Lage und mit zweckmäßigen Zugängen angewiesen sein. Dabei sollten die Grundstücke von gleicher Art mit dem abzutretenden Lande, als Anger und Heidegrund, Geest oder Marschland usw. angewiesen werden.

Eine „Commission" nahm an den örtlichen Verkopplungen teil und achtete auf Einhaltung der nach dem Gesetz festgelegten Regeln.[197]

In Ochtmissen war mit der Verkopplung erst nach 1894 begonnen worden. Die Mehrzahl der Bauern war der Meinung gewesen, daß ihre Fluren weitgehend schon gut zusammenlägen, was eine Verkopplung überflüssig mache, und deren Kosten sie sparen könnten.

Da jedoch durch den Ortsvorsteher Paul Hellmann die Verkopplung beantragt und von der Generalkommission als „stattgenehmig" befunden worden war, erfolgte ihre Durchführung.

In den Jahren von 1895 bis 1898 sind in Ochtmissen alle Grundstücke des Ortes an Acker, Wiese, Weide, Heide, Wald, Gemeingut sowie alle Straßen, Wege und Wasserläufe vermessen worden. Das waren in Ochtmissen an Grund und Boden insgesamt 528,3673 ha.

Begradigungen an der Papenburg und am Landwehrforst sind vorgenommen und der „Butterkamp" (Butterberg) ist aufgeforstet worden.

Für gemeinsame Nutzung wurden bestimmt:
a) die Wasser- und Notkuhle nördlich des Dorfes am Bardowicker Weg,
b) die Lehm und Mergelkuhle nördlich der Buchholzer Bahn,
c) die Sandgrube zwischen Vögelser Weg und der Buchholzer Bahn und
d) die Kiesgrube am Krähornsberge.

Die Entschädigungen für Fluren und Holzbestände wurden unter Vorlage der Vermessungs- und Schätzungsbücher sowie der Besitzstandsrolle festgesetzt.

Die Teilungsurkunde über die Verkopplung Ochtmissens ist von der königlichen Generalkommission am 16. Januar 1906 ausgestellt worden.[198]

---
197) Archiv Ldkr. Lüneburg, Ges.-Sammlung No. 29, v. 30.06.1842
198) Stadtarchiv Lüneburg, Liegenschaftsamt Nr. 1304

Die Verkopplung brachte Verbesserungen der bäuerlichen Wirtschaft

Nach der Verkopplung waren die Bauern bemüht gewesen, die Wirtschaftlichkeit und Erträge ihrer Höfe zu steigern. Dabei hatte ihnen die im Reiche hochentwickelte Industrie mit einschlägigen Maschinen und Geräten geholfen, die den Bauern einen großen Teil der körperlichen Arbeiten abnahmen oder erleichterten.

Verbesserte Geräte ermöglichten gründliche Bodenbearbeitung. Bei Feldbestellung und Ernte wurde die Handarbeit weitgehend von der Maschine übernommen. Dem Schnitter folgte die Mähmaschine.

Immer seltener war im Dorfe in den sommerlichen Abendstunden das Dengeln der Sensen erklungen. Auch das Dreschen der eingebrachten Garben auf der Lehmtenne mit dem Flegel im Dreier-, Vierer- oder gar Sechsertakt war in den Herbst- und Wintertagen immer seltener zu hören gewesen. Es wurde abgelöst von der Dreschmaschine, die von einem Göpel angetrieben wurde, den ein oder zwei Pferde im Kreise zogen.

Neben dem Getreide war auch der Hackfruchtanbau verstärkt betrieben worden. Dabei nahm die Zuckerrübe eine bedeutende Stellung ein, als im Jahre 1880 in Uelzen eine Zuckerfabrik gegründet worden war. Die Bauern in Ochtmissen hatten Aktien an dieser Fabrik und dadurch die Berechtigung erworben, ihren Anteil an Zuckerrüben alljährlich zu liefern.

In der Viehhaltung waren die Bauern von den bisher großen Schafherden zum vermehrten Großvieh im Stall übergegangen. Weide und Hutung wurden entsprechend eingeschränkt. Rinderzucht und Milchwirtschaft sowie Schweinezucht überwogen.

Durch vermehrten Stalldung, gepaart mit artenreichem Kunstdünger und gründlicher Bodenbearbeitung, war auch die Qualität der Ackerböden wesentlich erhöht worden. Der Erfolg zeigte sich in gesteigerten Ernteerträgen.

Auf allen Gebieten der Wirtschaft hatte es nach der Jahrhundertwende eine günstige Entwicklung gegeben, an der auch die Landwirtschaft einen guten Anteil hatte.

Doch die friedliche Szene hatte getäuscht. Am weltpolitischen Himmel waren düstere Kriegswolken aufgezogen, die sich nach der Ermordung des österreichisch-ungarischen Thornfolgers am 28.06.1914 in Sarajewo infolge der internationalen Bündnisverpflichtungen zum

Ersten Weltkrieg

entluden.

Auch in Ochtmissen waren Väter und Söhne ins Feld gezogen, einige Bauern mit einem Teil ihrer Pferde. Nicht alle kamen wieder. Besonders schwer hatte es die Familie und den Vollhof Lehmbeck betroffen. Dort war schon 1915 der Vollhöfner Otto Lehmbeck infolge von Kriegsverwundung im Feldlazarett verstorben und zwei Jahre danach seine Frau, so daß die drei unmündigen Kinder und der Hof von der Großmutter der Kinder erhalten und versorgt werden mußten.[199]

Der Krieg ging verloren. In Berlin brach am 9. November 1918 die Revolution aus. Die Republik wurde proklamiert, die Monarchie abgeschafft. Throne und Kronen im Deutschen Reiche waren Vergangenheit geworden.

---

199) Gespräche mit Herrn Hans-Otto Lehmbeck 1980

Ochtmissen nach dem Ersten Weltkriege

Nach dem verlorenen Kriege waren viele Leute aus den Städten ins Dorf gekommen, um Lebensmittel zu kaufen, die in den Geschäften der Städte knapp geworden waren. Vor allem nach Kartoffeln, Milch, Butter und Eiern war die Nachfrage groß gewesen.

Hinzu war gekommen, daß die Währung der Mark mehr und mehr verfallen war, so daß im November 1923 eine Million Papiermark nur noch den Wert von einer Goldmark hatte. Auf diesem Höhepunkt der Inflation wurde die Rentenmark geschaffen, die fortan feste Währung hatte. Mit ihrem Kaufwert erhielten auch die Menschen in den Städten wieder Lebensmittel in ausreichender Menge.

Das Dorf hatte keine Schule

Die Kinder besuchten verschiedene Schulen in Lüneburg, die sie zu Fuß erreichten. Gelegentlich wurde auch für den Schulweg die Buchholzer Bahn von Ochtmissen nach Lüneburg benutzt.[200]

Ochtmissen war eingepfarrt in die St. Nikolaikirche zu Lüneburg

Diese Kirche war im Jahre 1409 als Schifferkirche eingeweiht worden. Dort fanden Taufen und Trauungen statt.

Nach dem Gesetz über die Zivilehe im Jahre 1874 (durch Bismarck geschaffen) fanden neben den kirchlichen Trauungen in der St. Nikolaikirche zu Lüneburg für Ochtmissen die standesamtlichen Trauungen beim Standesamt zu Bardowick statt.

Ihre letzte Ruhe fanden die Ochtmisser Bürger auf dem St. Michaelis-Friedhof in Lüneburg. Seit Fertigstellung des Waldfriedhofs werden ihre Toten dort bestattet.

Als im Jahre 1957 die Martin-Luther-Kirche am Bardowicker Wasserwege zu Lüneburg eingeweiht worden war, ist Ochtmissen in diese Kirche eingepfarrt worden.

Im Ort war kein Geschäft und kein Handwerker

Zweimal wöchentlich kamen aus Bardowick ein Bäcker und ein Fleischer, bei denen die Leute ihren Bedarf deckten. Größere Besorgungen wurden von Fall zu Fall in Bardowick oder Lüneburg erledigt.

Die Bauern führten ihre Pferde zum Beschlagen zu dem Hufschmied in der Glockenstraße zu Lüneburg. Ihre Wagen ließen sie bei dem Stellmacher in der Baumstraße anfertigen und instandsetzen.

Im Zuge der Verbesserung maschineller Einrichtungen für die Landwirtschaft wurden die schmalspurigen, reifenbeschlagenen Wagen durch gummibereifte Fahrzeuge ersetzt, und dem Pferd war mehr und mehr der Trecker gefolgt.

Der Arzt und die Apotheke wurden in der Regel in Bardowick aufgesucht.

Die Bauern und Abbauern in Ochtmissen hatten ihre weiträumigen Flächen um die Hof- und Wohnhäuser seit jeher mit Eichen bepflanzt, deren Kronen weit ausladend die Gutshäuser überragten. Insgesamt hatte das Dorf mit seinem parkähnlichen Aussehen in der ländlichen Abgeschiedenheit eine harmonische Einheit dargestellt, aus der nichts Störendes herausragte.

So mag es kein Zufall gewesen sein, daß die Besucher aus der Stadt, die zum Sonntagskaffee in den Dorfgasthof kamen, dem Dorf einst den Kosenamen „Königreich Ochtmissen" gaben.[201]

---

200) Archiv Ldkr. Lüneburg, Ochtmissen, Fach 898.15 (Schulwesen)
201) Gespräche mit Frau Alma Garben und Herrn Hans-Otto Lehmbeck, Ochtmissen, 1980

In Ochtmissen hatten sich mehr und mehr Einwohner angesiedelt. Das Dorf hatte um 1937 bei 571 ha Areal 250 Einwohner in 44 Häusern. Darunter waren 5 Gutshäuser und diejenigen von 15 Abbauern.[202]

Von den ursprünglich 7 Gutshäusern war der Hof Meyer im Jahre 1859 von Hellmann gekauft, und dessen Gutshaus später zum Teil vermietet und als Lager für Erntevorräte benutzt worden. Der Hof Nr. 6 in Ochtmissen, den zuletzt die Familie Schneider bewirtschaftet hatte, war durch Hartwig Schneider im Jahre 1929 nach Verkauf fast aller seiner Grundstücke aufgelöst worden. Das Gutshaus hatte zunächst Rittmeister a. D. Herbert Knöhr erworben, der es 1939 an die Vogelsang-Werke KG verkaufte, die es anschließend verpachteten. Später erwarb es die Stadt Lüneburg.[203]

Im Deutschen Reiche hatte etwa von 1927 eine Arbeitslosigkeit eingesetzt, deren Anfänge nicht beseitigt werden konnten. So wurde diese von Jahr zu Jahr umfangreicher und hatte Ende 1932 die Höhe von etwa 7 Millionen Arbeitslosen in Deutschland erreicht. Politische Gegensätze innerhalb der Parteien waren die Folge gewesen. Eine Radikalisierung hatte eingesetzt im Volke, die es bis dahin in Deutschland noch nicht gegeben hatte. In dieser Situation ernannte der Reichspräsident Generalfeldmarschall i. R. Paul von Hindenburg den Führer der NSDAP Adolf Hitler zum Reichskanzler. Das geschah am 30. Januar 1933.

Unter Hitler wurden nach und nach alle demokratischen Parteien und Einrichtungen in Deutschland beseitigt.

Unter seiner Regierung wurde die Arbeitslosigkeit Stück um Stück abgebaut. Die Menschen hatten nach wenigen Jahren wieder Arbeit und Brot für ihre Familien gefunden. Nach außen schien Deutschland zufrieden und friedlich zu sein.

Der Friede in und um Deutschland war aber nur scheinbar gewesen. Mit der Besetzung und Einnahme des Sudetenlandes begannen die ersten größeren Spannungen mit der Tschechoslowakei. Internationale Verhandlungen waren vorausgegangen. Der Besetzung des Sudetenlandes im Herbst 1938 war der Einmarsch nach Prag im Januar 1939 gefolgt und schließlich der Einmarsch nach Polen zu Beginn September des Jahres 1939.

Der Zweite Weltkrieg hatte begonnen.

Der ländliche Friede hatte auch in Ochtmissen ein jähes Ende gefunden. Ein großer Krieg hatte begonnen, der von Jahr zu Jahr schrecklicher und grausamer werden sollte. Die Verluste an der Front und in der Heimat wurden von Tag zu Tag größer. Das Deutsche Reich erlebte die größte Zerstörung seiner Städte und Dörfer in dessen Geschichte.

Gewiß, Ochtmissen war weitgehend von Verlusten in seinem Bereich verschont geblieben. Am Ziegelhof war eine Bombe niedergegangen und hatte mehrere Personen verletzt. Die Frau des Ochtmisser Bürgermeisters Hänel war bei einem Bombenwurf auf Lüneburg in einer Arztpraxis tödlich verletzt worden. Auch mehrere Brandbomben waren auf Ochtmissen gefallen, die jedoch nur geringen Schaden angerichtet hatten. Die Städte aber, in und über denen der Krieg vernichtend gewütet hatte, sahen schaurig aus. Stalingrad, Dresden und Hiroshima sowie Nagasaki waren die feurigen Meilensteine dieses bisher furchtbarsten aller Kriege!

Auch diesen Zweiten Weltkrieg verlor Deutschland. Er endete mit der bedingungslosen Kapitulation, der Zerschlagung des Reiches und der Besetzung ganz Deutschlands durch die bisherigen Feinde!

202) Einwohnerbuch f. d. Stadt u. Landkr. Lüneburg, 1937
203) Biens, F., Lüneburg, „ Der Hof Nr. 6 in Ochtmissen"

Ochtmissen nach Ende des Zweiten Weltkrieges

Am 8. Mai 1945 war der Krieg zu Ende. Mehr als 50 Millionen an Opfern in der Welt hatte er gefordert. Auch die Verluste für Ochtmissen waren noch unübersehbar. Wer war gefangen, verwundet oder gar gefallen? Bange Fragen beschäftigten die Daheimgebliebenen.

Daneben galt es, Obdach bereitzustellen für die vielen Vertriebenen und Flüchtlinge aus Mecklenburg, Pommern, Ostpreußen, Schlesien, Sudeten und Mitteldeutschland. Es waren vorwiegend Frauen, Kinder und Greise. Weitere sollten folgen.

Die Britische Besatzungsmacht hatte die Evakuierung von Bardowick, Barum, Bütlingen, St. Dionys und anderer Orte angeordnet. Dort sollten entlassene polnische Kriegsgefangene sowie bisherige Fremdarbeiter aus Polen mit ihren Familien einquartiert werden. Die Bewohner der genannten Orte hatten am Pfingstsonnabend 1945 nur zwei Stunden Zeit bekommen, innerhalb derer sie ihre Wohnungen verlassen mußten und nur das Allernötigste mitnehmen konnten.

Ein großer Teil der Bardowicker war nach Ochtmissen gekommen. In dem Dorfe, das kurz vor Kriegsbeginn etwa 250 Einwohner und 44 Wohngebäude zählte, wurden zunächst die Vertriebenen, Flüchtlinge und Evakuierten in Stuben und Kammern der Wohnhäuser und Gutshöfe untergebracht. Bei zunehmender Zahl mußten auch Dachkammern, Bodenräume, Speicher, Scheunen und sogar zwei leerstehende Schafställe belegt werden, um jedem Hinzukommenden eine notdürftige Bleibe zu geben.

Noch heute sind viele der damals Heimatlosen den Bewohnern zu Ochtmissen dankbar, die ihnen in jener Zeit Asyl gewährten. Zu ihnen zählt auch der Erste Rathmann zu Bardowick, Herr Heinrich Benecke, dessen Familie in Ochtmissen unterkam.

Während der Besetzung der Nachbarorte durch die Polen war es zu Überfällen und Plünderungen gegen Bewohner und Grundstücke gekommen, die sich zur Nachtzeit abgespielt hatten.
In Ermangelung nächtlichen Schutzes durch die Besatzungsmacht hatten sich Männer in Ochtmissen zu einer Bürgerwehr zusammengetan, die mit Knüppeln bewaffnet, nächtlichen Wachtdienst versah und sich ablöste. Danach hatten die Überfälle und Plünderungen aufgehört.

Nach etwa 11 Monaten hatten die Polen die besetzten Orte verlassen und waren nach ihrer Heimat gebracht worden. Die Bardowicker Bürger konnten wieder in ihren Flecken zurückkehren. Was sie jedoch bei ihrem Weggange unter dem Druck der Eile zurücklassen mußten, haben sie nicht wiedergefunden. Sie fanden nur noch leere Räume wieder und oft weniger als das.[204]

In den ersten Nachkriegsmonaten waren gelegentlich aus Städten der weiteren Umgebung geschlossene Trupps gekommen, die recht nachdrücklich um Nahrungsmittel, vor allem Kartoffeln ersucht hatten, die ihnen von den Bauern ausgehändigt wurden, um Auseinandersetzungen zu vermeiden.

Sehr oft sind auch Einzelpersonen gekommen, die Nahrungsmittel für Gegenstände des eigenen Bedarfs eingetauscht haben.

---

[204] Gespräche mit Herrn Ersten Rathmann Heinrich Benecke, Bardowick und mit älteren Einwohnern in Ochtmissen

Die Zahl der Flüchtlinge und Vertriebenen hatte weiter zugenommen, so daß fast in allen Häusern die letzten freien Zimmer und Räume als Notunterkünfte belegt waren.

In Ochtmissen waren auch sehr viele alte Menschen angekommen, die ohne Familienmitglieder auskommen mußten und selbst schwer zurechtkamen. Für diese Menschen beiderlei Geschlechts wurde 1945

in Ochtmissen ein DRK-Altenheim gegründet.

Dieses Altenheim war in mehreren Räumen des Hauses der Familie Jansen untergebracht und von der DRK-Schwester Else Motzkus geleitet worden.

In dem Altenheim waren bis zu 20 Personen untergebracht. Sie waren mit Unterstützung durch öffentliche Mittel in voller Verpflegung und unter ärztlicher Betreuung gewesen.

Nachdem im Verlaufe der Jahre Altenheime von öffentlicher Hand errichtet worden waren, verringerte sich die Belegungszahl des Heimes in Ochtmissen. 1962 wurde es schließlich aufgelöst, und die Räume standen der Familie Jansen wieder zur Verfügung.[205]

Unter den vielen Vertriebenen und Flüchtlingen, die nach Ochtmissen kamen, befanden sich auch etwa 30 jüdische Kinder. Sie waren elternlos und ohne Angehörige.

Diese Kinder wurden in einer freistehenden, auf dem Grundstück der Familie Jansen befindlichen Baracke untergebracht, die als vorübergehendes

Wohnheim für elternlose, jüdische Flüchtlingskinder

eingerichtet worden war.

Die Kinder wurden von einer durch den Landkreis eingesetzten Heimleitung betreut und gepflegt.

Im Jahre 1948 waren die Kinder aus Ochtmissen verlegt, die Heimleitung aufgelöst und die Baracke für den Schulunterricht benutzt worden.[206]

---

205) Gespräche mit Frau Hertha Jansen, Ochtmissen 1982
206) Archiv Ldkr. Lüneburg – Kinderheim Ochtmissen, Fach 897.14

Schulverhältnisse in Ochtmissen nach dem Zweiten Weltkriege

Ursprünglich soll sich in Ochtmissen ein Schulhaus befunden haben, von dem auch A. F. C. Manecke im ersten Band seiner „topographischen Beschreibungen der Städte, Ämter und adelichen Gerichte im Fürstentum Lüneburg" berichtete.[207]
Auch im Flurbuch Ochtmissen ist im Band I, Blatt 14, im Jahre 1903 ein „Schulplatz" in Größe von 47 Ar und 45 qm für die Realgemeinde ausgewiesen.[208]
Jedoch selbst ältere Einwohner des Dorfes können sich nicht entsinnen, daß in Ochtmissen seit etwa 1900 eine Schule gestanden hätte.
Die Kinder waren auch während des Krieges und danach zur Schule nach Lüneburg gegangen.

Als jedoch im Herbst 1946 die 12jährige Hildegard Martins, Tochter der Kriegswitwe Charlotte Martins, auf dem Schulwege nach Lüneburg von einem Kraftwagen der britischen Besatzungsmacht überfahren und tödlich verletzt worden war, hatten sich Rat und Gemeinde entschlossen, eine eigene Schule für Ochtmissen zu errichten.

Zunächst war eine Baracke vorgesehen, die der Vermögensverwaltung gehörte und auf dem Gelände der Familie Jansen stand. In dieser Baracke waren aber etwa 30 jüdische Flüchtlingskinder vorübergehend untergebracht, so daß die Unterrichtsstunden darin zunächst nur notdürftig abgehalten werden konnten. Stühle und Tische für den Unterricht hatte der Vollhöfner und Gastwirt Hans-Otto Lehmbeck zu Ochtmissen ausgeliehen. Zu Unterrichtsbeginn hatte es auch so fast an allem, angefangen von Lese-, Schreib- und Rechenheften bis zum Tintenfaß, gefehlt.

Am 1. Dezember 1946 hatte der erste Unterricht begonnen.
Als „Lehrer" hatte sich ein Mann beworben, der nach seinen Angaben aus Ostpreußen stammte und Rittmeister bei der Wehrmacht gewesen war sowie eine Ausbildung als Volksschullehrer erhalten hatte. Der Nachweis für die Qualifikation sollte später nachgereicht werden.

Bald waren aber Zweifel an der Echtheit des „Lehrers" aufgetaucht, der sich bei Regierung und Landkreis in Widersprüche verwickelte, als er seinen Befähigungsnachweis nicht erbringen konnte. Als der „Lehrer" auch noch besonderes Interesse an Bügeleisen, Wecker, Radiogerät und Brillantschmuck zeigte, die ihm nicht gehörten, wurde ihm fristlos gekündigt und das Betreten des Schulbereiches untersagt. Die Chronik berichtet aber, daß er bei den Frauen trotz allem viel Anhang gehabt habe, obwohl er nicht Lehrer oder Rittmeister, sondern nur Dekorationsmaler und Gefreiter gewesen war.

Am 11. August 1947 übernahm Karl Henkel die Volksschule Ochtmissen.
Er war Lehrer und als Vertriebener mit seiner Familie aus Bromberg gekommen. Für die inzwischen auf 86 Schüler angewachsenen Teilnehmer teilte er in dem 60 qm großen Barackenraum zwei Gruppen ein. Davon unterrichtete er die 1. Gruppe mit dem 1. und 2. Schuljahr 2 Stunden täglich und die 2. Gruppe mit dem 3. bis 8. Schuljahr 3 Stunden täglich. Ausreichend Einrichtungsgegenstände und Lehrmittel konnten erst nach der Währungsreform vom 20.06.1948 beschafft werden.[209]

---
207) Manecke, Bd. I, S. 267
208) Kat.-Amt Lüneburg, Grundbuch Ochtmissen 1903, Bd. I, Bl. 14
209) Chronik d. Schule Ochtmissen, Henkel/Sasse und
 Archiv Ldkr. Lüneburg, Akte Ochtmissen, Fach 897.13

1948

Baracke wird frei für Schulunterricht

Das jüdische Kinderheim war aufgelöst worden; die Kinder hatten die Baracke verlassen; die Räume konnten für den Schulunterricht verwendet werden.

Seit Oktober 1948 konnte der Unterricht in zwei großen Räumen von je 10 x 8 m abgehalten werden. Die Schülerzahl war infolge vermehrter Ansiedlung von Vertriebenen und Flüchtlingen auf 99 angestiegen.

Ochtmissen erhielt eine zweite Lehrerstelle, die Adolf Klatt ausfüllte. Aber schon wenige Jahre später, am 18.11.1953 hatte Adolf Klatt mit seinem Fahrrad einen geschlossenen Bahnübergang zu überqueren versucht. Er war vom Zuge erfaßt und getötet worden.

Als sein Nachfolger übernahm Ernst Sasse die zweite Lehrerstelle in Ochtmissen am 1. April 1954.

1955

Neubau einer Volksschule in Ochtmissen

Die Einwohnerzahl der Gemeinde war von 239 im Jahre 1939 auf inzwischen über 600 im Jahre 1955 gestiegen. Mehrmals hatten Gemeinde und Schulleitung den Bau eines Schulhauses in Ochtmissen beantragt. Im Jahre 1954 hatte die Bezirksregierung zugestimmt.

Am 11. Juni 1955 war die Grundsteinlegung der neuen Schule. Bei diesem Anlaß wurde unter dem Schuleingang eine verlötete Kapsel eingemauert, die Bilder der alten Schulbaracke, Abschnitte aus der Schulchronik, Berichte über wichtige Ortsereignisse und die Vorgeschichte des Schulneubaues enthielt.

Etwa 4 Wochen später, am 5. Juli, war Richtfest und am 29. Oktober 1955 wurde die Schule eingeweiht. Sie war nach Entwurf und unter Aufsicht des Lüneburger Architekten Schuster erbaut worden. Die Kosten betrugen einschließlich der Möbel und Einrichtungsgegenstände 67 270 DM.

Bürgermeister Wilhelm Hänel konnte unter den Ehrengästen Reg.-Direktor Schüttau und Schulrat Dr. Vater von der Bezirksregierung sowie Pfarrer Küchler von der Martin-Luther-Kirchengemeinde begrüßen, die der Gemeinde, den Lehrern und Kindern ihre Glückwünsche darbrachten. Pfarrer Küchler stiftete eine Glocke, mit der künftig die Gottesdienste eingeläutet werden sollten, die in Ochtmissen abgehalten wurden.

In bewegten Worten dankte Bürgermeister Wilhelm Hänel. Vor allem galt sein Dank allen denen, die den Bau ermöglicht und an ihm mitgewirkt hatten.

Im Jahre 1962 war an diese Schule noch ein zweiter, unterkellerter Klassenraum angebaut worden. Im gleichen Jahre, am 16. März 1962, trat der Schulleiter Karl Henkel in den Ruhestand. Fünf Jahre später, am 12. März 1967, verstarb Karl Henkel, der erste Lehrer der Schule in Ochtmissen seit ihrer Gründung 1946. Die Gemeinde und vor allem seine Schüler hatten ihm viel zu danken.

Seit April 1962 war Ernst Sasse Schulleiter in Ochtmissen.[210]

---

210) Schulchronik Ochtmissen; Henkel/Sasse

Seit etwa 1965 waren in Niedersachsen wie auch in den anderen Bundesländern Bestrebungen im Gange, die kleineren Schulen aufzulösen und zu größeren Schulen zusammenzulegen. Auch in Ochtmissen stand dieses Thema an und wurde zum Teil leidenschaftlich erörtert.

Schließlich gelang es Gemeinde, Schulleitung und Elternschaft, in Verhandlungen mit der Bezirksregierung und der Stadt Lüneburg, eine Lösung zu finden, bei der die Schule in Ochtmissen erhalten blieb.

Vom 1. August 1968 an gingen alle Kinder Ochtmissens vom 5. Schuljahr aufwärts zur Schule VI am Kreideberg in Lüneburg. Nach der Eingemeindung Ochtmissens in die Stadt Lüneburg am 1. April 1974 wurde die Ochtmissener Schule zu einer Außenstelle der Schule VI zu Lüneburg umgewandelt. Der Schulbetrieb wurde in gleicher Weise aufrechterhalten.

In dem Bewußtsein, daß der Bestand der kleinen Schule zu Ochtmissen für die Zukunft gesichert sei, ging Schulleiter Ernst Sasse am 1. Februar 1977 in den Ruhestand.

Am Anfang des Jahres 1982 besuchten 61 Kinder die Schule zu Ochtmissen. Diese Schülerzahl war seit etwa 5 Jahren stabil. Sie wurden unterrichtet von den Lehrerinnen und Lehrern

> Frau Helga Burmester,
> Frau Eva-Maria Dietze,
> Herrn Manfred Lux und
> Frau Ina Turau.

Das seit 1981 im Ausbau befindliche Wohngebiet Lerchenberg sowie die für späteren Ausbau vorgesehenen Flurstücke Krähornsberg/Redder lassen künftig eine wesentliche Steigerung der Ochtmissener Schülerzahlen erwarten.[211]

---

211) Gespräch mit Frau Ina Turau, Ochtmissen, 1982.

Die Entwicklung in Ochtmissen seit 1948

Die wirtschaftliche Lage war am 20. Juni 1948 im Zuge der Währungsreform durch Einführung der Deutschen Mark (DM) schlagartig verbessert worden. Nach anfänglichen Engpässen war schneller Aufschwung gefolgt. Die Tauschgeschäfte hörten auf. Man kaufte wieder für Geld.

In Ochtmissen waren viele Vertriebene und Flüchtlinge trotz beengter und ungünstiger Wohnverhältnisse verblieben. Ein Teil von ihnen war im Zuge der Familienzusammenführung in andere Orte verzogen.

Schon wenige Jahre nach der Währungsreform zeigten sich Anfänge reger Bautätigkeit in Ochtmissen. Vertriebene und Flüchtlinge erhielten von den Bauern und anderen Grundbesitzern in Ochtmissen Baugrundstücke für Ein- oder Zweifamilienhäuser zu günstigen Preisen.

Am Anfang wurde im Keller gewohnt

Eine Reihe von Eigenheimen war in Selbsthilfe bis zum fertigen Kellergeschoß errichtet worden. Dann zogen die künftigen Hausbesitzer mit ihrer Familie in diesen Keller ein und wohnten einige Jahre darin, bis sie die Mittel beisammen hatten, um den Bau durch einen Baumeister fertigstellen zu lassen, was weitgehend neben Eigenhilfe geschah. Auf diese Weise sind in Ochtmissen viele Familien zu einem eigenen Hause gekommen und haben hier eine neue Heimat gefunden. Ein Ziel, das sie zur damaligen Zeit ohne Eigenleistung und Verzicht auf Annehmlichkeiten nicht erreicht hätten.

1951

Höhere Privatschule in Ochtmissen

Im Jahre 1951 wurden im vormals von Dasselschen Gutshause einige Klassen einer Höheren Privatschule eingerichtet, die ihren Sitz in Lüneburg hatte. Leiter war Herr Dr. Friedrich Biens.

Das Schulgeld betrug 60 DM monatlich neben Abgaben für Schuleinrichtungen und Lernmittel.[212]

Später wurde sie auf dem Grundstück des alten Gutshofes erweitert durch die Baracken „Mohrungen", „Königsberg", „Riga", „Straßburg" und „Weimar", deren Namen nach den Lebensstationen Herders benannt worden waren, dessen Namen diese Schule später als Gymnasium trug.[213]

---

212) Aus der Schulchronik Ochtmissen v. Lehrer Karl Henkel
213) Biens, Friedrich, Lüneburg, „Der Hof Nr. 6 in Ochtmissen"

Seit dem Jahre 1956 hatte sich in Ochtmissen die Firma Carl Sperling und Co angesiedelt. Sie war als einer der ältesten Saatzuchtbetriebe im Jahre 1788 gegründet worden und ist im Jahre 1945 aus Quedlinburg zunächst zum Raume Bremen verlegt worden. In Ochtmissen wurde vom Bürgermeister und Vollhöfner Wilhelm Hänel an der Bardowicker Straße ein Stück Land erworben und dort ein

Saatzuchtbetrieb für Gemüse- und Blumen-Samen der Firma C. Sperling u. Co

eingerichtet.

Bis zum Jahre 1968 wurde dieser Betrieb bei Erwerb weiteren Landes nach und nach ausgebaut.

Für die Wasserversorgung dieses Betriebes war ein Brunnen gebohrt worden, der über die Untergrundverhältnisse wertvolle und interessante Aufschlüsse gegeben hatte.
Die Bohrung führte durch eine graublaue Glimmertonschicht, die schon dicht unter dem Mutterboden begonnen hatte und bis zu 100 m Tiefe mächtig war. Die Gesamttiefe des Brunnens betrug 126 m.[214]

Im Jahre 1960 hatte außergewöhnlich lang anhaltendes Regenwetter über den Sommer hinaus der Getreideernte sehr geschadet. Das Korn war auf den Halmen weitgehend ausgewachsen, ehe es gemäht und abgeerntet werden konnte. Große Mengen der Getreideernte waren ganz verdorben, anderes konnte zum Teil nur als Futter verwendet werden.

Im Januar 1968 verstarb der langjährige Bürgermeister und Vollhöfner Wilhelm Friedrich Niklaus Hänel im 55. Lebensjahre.
Nach ihm ist später vom Rat der Gemeinde ein Weg benannt worden wegen seiner besonderen Verdienste um die Gemeinde Ochtmissen.

Zu seinem Nachfolger wählte der Rat der Gemeinde den Sackfabrikanten Edgar Schaub, der schon längere Zeit im Rat tätig war und der den Bürgermeister Hänel während der letzten Zeit seiner Krankheit vertreten hatte.

Bei der im September 1968 durchgeführten Kommunal-Wahl hatte Edgar Schaub die meisten Stimmen erhalten. In den Rat waren 5 Vertreter der SPD und 4 Vertreter der CDU gewählt worden.
Zum Bürgermeister wurde Edgar Schaub gewählt; in den Verwaltungsausschuß die Beigeordneten Hans-Otto Lehmbeck und Alfred Peuker.[215]

---

214) Gespräche mit Herrn Dr. Ottfried Dressler, Ochtmissen
215) Sitzungsprotokoll vom 29.10.1968

In Anbetracht der vielfältigen, neu auf diesen Rat hinzukommenden Aufgaben wurden Ausschüsse gebildet für

Schulwesen mit	Helmut Penzel, Frau Mathilde Vollmann, Kurt Lückhoff, Alfred Peuker
Trinkwasser und Abwasserkanal mit	Dr. Ottfried Dressler, Erhard Behnke;
Wegen und Friedhof mit	Alfred Peuker, Hans-Otto Lehmbeck und den Bürgern Paul Warzawa und Hennry Harms;
Sozialwesen	Frau Mathilde Vollmann, Friedrich Dietrich.

Später wurde noch eine Gruppe aus den Ratsmitgliedern für Gebührenberechnung der Anliegerkosten für Trinkwasser, Abwasserkanal und Wegebau gebildet.
Protokollführerin für Rat und Ausschüsse war Frau Lisa Penzel.

Ochtmissen erhielt öffentliche Anschlüsse für Trinkwasser und Abwasserkanal

Die vermehrte Bautätigkeit für Eigenheime hatte die Nachbarschaft in Ochtmissen näher zueinander gebracht. Die Hauseigner hatten ihre Bohrbrunnen für die Wasserversorgung. Einige hatten sich für gemeinsame Brunnen zusammengetan. Die Abwässer aus Haus, Toilette usw. flossen in die Sickergruben der immer näher zueinander gerückten Grundstücke. In der Regel wurden diese geleert, aber einige verteilten den Inhalt auf ihr Gartenland.
Dieser Zustand war bei dichter Besiedlung des Ortes nicht mehr hinzunehmen. Im Hinblick auf die weitere Besiedlung Ochtmissens beschloß der Rat den Anschluß der Gemeinde an das öffentliche Trinkwassernetz und an das öffentliche Kanalisationsnetz der Stadt Lüneburg.
Die Finanzierung war durch Bereitstellung von ERP-Mitteln und Darlehen der Kreissparkasse Lüneburg gesichert worden. Verschiedene Firmen für Trinkwasser- und Abwasseranschluß waren beauftragt worden.
Innerhalb weniger Monate waren Grundstücke und Haushalte der Gemeinde mit Trinkwasser aus dem öffentlichen Netz versorgt und an die Kanaleinrichtung angeschlossen worden. Ochtmissen hatte einen für seine Zukunft entscheidenden Schritt vollzogen.
Neben den Vorhaben für Trinkwasser und Abwasser wurde auch der Aus- und Neubau von Straßen und Wegen in der Gemeinde durchgeführt. Neue Baugebiete, wie Medebeck, Kronskamp, Melkberg und Lehmkulenstücke waren auch straßenmäßig zu erschließen. Ältere Wege mußten ausgebaut werden. Auch für eine günstigere Busverbindung wurde eine neue Straße angelegt, die von der Hamburger Straße unmittelbar zum Ort führte und die beiden Bahnübergänge alte B4 und Ochtmisser Straße ausklammerte.
Die Vorarbeiten für die einzelnen Aufträge wurden durch die betreffenden Ausschüsse geleistet. Beim Wegebau waren für Anlage und Kostenberechnung der Anlieger verschiedene Rechtsgrundlagen gegeben. Der Wegeausschußvorsitzende erstellte ein Gutachten über Durchführung und Kostenberechnung des Wegebaues, um die Gemeinde vor möglichen Prozessen zu bewahren.[216]

---

[216] Alfred Peuker, 1969: „Die Situation des Straßen- und Wegebaues in der Gemeinde Ochtmissen".

Die Satzungen und Gebührenordnungen für Trinkwasser-, Kanal- und Wegebau-Anliegerkosten wurden von den einschlägigen Ausschüssen nach geltendem Recht entworfen und vom Rat beschlossen. Arbeitsgruppen der Ausschüsse berechneten die Anschlußgebühren. Beim Wegebau wurden Größe und Frontmeterlängen der Grundstücke festgestellt und in die Berechnung einbezogen. Über 20 Straßen und Wege wurden in einer Gesamtlänge von etwa 3 km Grundstück für Grundstück berechnet. Bei Trink- und Abwasser wurden Anzahl der Gebäude und deren Bewohner mit zugrundegelegt. Über die errechneten Gebühren war kein Fall von Klage anhängig geworden.

Ochtmissen errichtet Kindergarten

Einem im Januar 1971 von Frau Dr. Beate Lückhoff und Schulleiter Ernst Sasse an den Rat gerichteten Antrage folgend, wurden die Vorarbeiten für Einrichtung eines Kindergartens im Keller der Volksschule Ochtmissen durch den Schulausschuß aufgenommen. Nach positivem Ergebnis folgte dem Ratsbeschluß dessen Ausbau. Schon am 15. September desselben Jahres konnte der Kindergarten eingeweiht werden. Er war für 20 bis 25 Kinder eingerichtet worden. Für Ausbau, Einrichtung, Möbel und Spielzeug hatte die Gemeinde etwa 15 000 DM aufgewendet. Die Aufsichtsbehörde hatte dem Ausbau dieses Kindergartens mit dem Vorbehalt des Provisoriums zugestimmt.

Ochtmissen erhielt Eisenbahnbrücke in der Feldmark

Im Zuge der Beseitigung schienengleicher Übergänge zur Erhöhung der Sicherheit und Einsparung von Personalkosten hatte die Bundesbahndirektion Hamburg in Verlängerung des damaligen Bardowicker Weges in Richtung B4 eine Brücke über die Bahnlinie Lüneburg – Hamburg errichten lassen. Zwei schienengleiche Übergänge in der Feldmark waren dafür beseitigt worden.
Die aus vorgefertigten Spannbetonteilen in Kontaktbauweise errichtete Brücke war im Dezember 1971 im Rohbau fertiggestellt und im Frühjahr 1972 dem Verkehr übergeben worden. Beim Bruch des Elbe-Seitenkanals im Jahre 1976 erlebte diese Brücke ihre bisher größte Bewährungsprobe, als der Umgehungsverkehr der B 4 und B 209 über dieselbe geleitet wurde.

Verlust der Selbständigkeit deutete sich an

Nach Plänen der Landesregierung sollte eine Gebietsreform durchgeführt werden, in deren Verlauf kleinere Gemeinden zu größeren Einheiten zusammengelegt und stadtnahe Gemeinden in die Städte eingemeindet werden sollten. Ochtmissen war zur Eingemeindung nach Lüneburg vorgesehen. Nach Ratsbeschluß wollte die Gemeinde so lange wie möglich selbständig bleiben. Nach einstimmigem Beschluß stellte der Rat für den Fall gesetzlich verfügter Eingemeindung seine in 6 Punkten enthaltenen Forderungen an die Stadt Lüneburg, die für das Wohl der Gemeinde und seiner Bürger eingehalten werden sollten.[217]
Vorverhandlungen mit dem Landkreis und der Stadt Lüneburg waren gefolgt, in denen die von der Gemeinde gestellten Forderungen von der Stadt Lüneburg weitgehend zugesagt wurden.

---

217) Protokoll über Ratssitzung Ochtmissen v. 05.01.1970

Das Dorf hat 1000 Einwohner

Bürgermeister Edgar Schaub konnte in der Ratssitzung am 16. Oktober 1972 in Frau Edith Thielke den 1000. Einwohner zu Ochtmissen begrüßen. Das Dorf zählte inzwischen mit 15 weiteren Orten des Landkreises zu „1. Wohngemeinden".
Der größte Teil in Ochtmissen war an das öffentliche Trinkwasser- und Abflußkanal-Netz angeschlossen. Fast alle Wege waren ausgebaut. Ratsherren und Ausschußmitglieder hatten in den vergangenen vier Jahren 131 Sitzungen abgehalten.
Mit diesen Feststellungen beendete Bürgermeister Edgar Schaub zugleich die letzte Legislaturperiode, die ein Rat der Gemeinde Ochtmissen in voller Vierjahres-Länge gewirkt hatte.[218]

Die Gemeinde Ochtmissen verlor ihre Selbständigkeit

Die Eingemeindung Ochtmissens in die Stadt Lüneburg war gesetzlich beschlossen und am 1. April 1974 vollzogen worden.
Vom Süden und Osten her war die Stadt vor allem nach dem Zweiten Weltkrieg an Ochtmissen herangewachsen. Die Entfernung zu Bardowick, der einst zuständigen Vogtei, war hingegen geblieben.
Was mit dem Bau der Landwehr zu Beginn des 15. Jahrhunderts für Ochtmissen begonnen hatte, führte ein halbes Jahrtausend später die Gebietsreform zu Ende. Der wirtschaftlichen Eingliederung war die politische gefolgt.
Ochtmissen war ein Teil der 1000jährigen Stadt Lüneburg geworden, deren Lebenslauf das Dorf begleitet hatte.

Im Jahre 1975 richtete die Johann- und Erika-Loewe-Stiftung eine Wohn- und Begegnungsstätte für psychisch Behinderte ein, die den Namen

Sonnenhof

erhielt. In ihr sollen die Behinderten auf ein selbständiges Leben in der Gesellschaft vorbereitet, sowie deren Wiedererkrankung und Rückschläge verhindert werden.
Für seine Einrichtungen und Unterkünfte erhielt der Sonnenhof von der Stadt Lüneburg einen Teil der Grundstücke der ehemaligen Herderschule und das Gutshaus des vormals von Dasselschen Hofes in Erbpacht.
Nach dem Tode des Pächters des vormals Hellmanschen Hofes erhielt der Sonnenhof auch das Gutshaus dieses Hofes mit dem umliegenden Grundstück gleichfalls in Erbpacht für seine Einrichtungen und Unterkünfte.

---

218) Ratsprotokoll v. 16.10.1972

Die Bürgermeister in Ochtmissen seit dem Jahre 1827

In alter Zeit hießen sie Bauermeister.

Zu ihrer Ausrüstung gehörte das Bauerhorn und die Bauerlade. Das Horn diente zum Zusammenrufen der Bauern zur Versammlung oder zur „Ansage" von Gemeindebeschlüssen. Es wurde auch benutzt zum Signalisieren von Schadenfeuer und Notsituationen. Die Lade enthielt die schriftlichen Unterlagen des Bauermeisters für seine Gemeinde.

Die Bezahlung für die Tätigkeit der Bauermeister scheint recht gering gewesen zu sein. Es wird beispielsweise berichtet, daß der Bauermeister Bohlmann in Radbruch im Jahre 1832 abgelehnt hatte, weiterhin für 4 Taler jährlich seinen Dienst als Bauermeister zu leisten.

Bürgermeister in Ochtmissen waren:

Zeitraum	Amt	Person
1827 – 1832	„Bauermeister"	Harms, Johann Jacob, Vollmeier
1832 bis Juni	„Bauermeister"	Garben, Martin Heinrich, Vollmeier
		Bem.: Er sandte im Mai 1832 Bauerhorn und Bauerlade an Heinrich Meyer
ab Juni 1832	„Bauermeister"	Meyer, Martin Christoph Heinrich, Vollhöfner
1832 – 1856	„Bauermeister"	„ „ „ „ „
1856 – 1860	„Ortsvorsteher"	„ „ „ „ „
1860 – 1877	„Ortsvorsteher"	Hellmann, Wilhelm, Doppelvollhöfner
1877 – 1899	„Ortsvorsteher"	Hellmann, August, Doppelvollhöfner
		Bem.: Wilhelm Harms als Beigeordneter und Feuergeschworener auf 6 Jahre gewählt.
1899 – 1911	„Ortsvorsteher"	Hellmann, August, Doppelvollhöfner
1911 – 1920	„Ortsvorsteher"	Schäfer, Conrad, Vollhöfner
		Bem.: Entschädigung jährlich 200 Mark steuerfrei.
1920 – 1933	„Ortsvorsteher"	Wöhnecke, Heinrich, Abbauer
1933 – 1937	„Bürgermeister"	Hänel, Wilhelm, Vollhöfner
1937 – 1947	„Bürgermeister"	Hänel, Johann Heinrich Wilhelm, Vollhöfner
1947 – 1967	„Bürgermeister"	Hänel, Wilhelm Friedrich Niklaus, Vollhöfner
1967 – 1974	„Bürgermeister"	Schaub, Edgar, Sackfabrikant
seit April 1974	„Ortsbürgermeister"	Schaub, Edgar, Sackfabrikant [219]

---

[219] Archiv Ldkr. Lüneburg, Bürgermeister in Ochtmissen, Fach 709.6

Aus dem Vereinsleben zu Ochtmissen seit 1902

Die Freiwillige Feuerwehr zu Ochtmissen

Im Jahre 1902 hatten einer Anregung des Landkreises folgend in Ochtmissen 29 Männer die Freiwillige Feuerwehr gegründet und damit dem Dorfe eine ortseigene Feuerwehr geschaffen.
Ihr Wirken war getragen von dem Willen, bei Bränden im eigenen Ort schnell zur Stelle zu sein und zu löschen sowie bei Bränden in den Nachbargemeinden gleichfalls Löschhilfe zu leisten.
Die Ausrüstung der Wehr und Ausbildung der Männer erfolgten nach behördlichen Richtlinien.
Seit ihrer Gründung hatte die Freiwillige Feuerwehr zu Ochtmissen folgende Brandmeister:

1. 1902 – 1907 Paul Hellmann
2. 1907 – 1914 Wilhelm Hänel
3. 1914 – 1918 H. Buschmeier
4. 1918 – 1933 Wilhelm Hänel jun.
5. 1933 – 1939 Bruno Hellmann
6. 1939 – 1945 Adolf Meyer
7. 1945 – 1948 Bruno Hellmann
8. 1948 – 1958 Hans-Otto Lehmbeck
9. 1958 – 1964 Wilhelm Brunhöber
10. seit 1964 Herbert Wolf

Die Einsatzberichte der Ochtmissener Freiwilligen Feuerwehr lassen erkennen, daß sie im eigenen Ort wie auch in den Nachbargemeinden zur Brandbekämpfung ausrückte und schnell vor Ort zum Löschen eintraf, wann immer sie zu einem Brand gerufen wurde.
Darüber hinaus half die Wehr bei anderen Schäden, die der Gemeinschaft oder einzelnen Bürgern drohten, vor allem bei wolkenbruchartigen Regenfällen, wenn vollgelaufene Keller auszupumpen oder verstopfte Ablußkanäle freizuspülen waren.
Durch ihre Einsatzfreudigkeit wurde die Ochtmissener Wehr neben Erfüllung ihrer spezifischen Aufgaben zu einem Helfer in vielen Notsituationen.
Im Jahre 1962, als Wilhelm Brunhöber Brandmeister war, gründete man noch eine Jugendfeuerwehr hinzu, deren Führung Herbert Wolf übernahm. Als dieser 1964 die Freiwillige Feuerwehr als Brandmeister übernahm, war bis 1974 Wolfgang Schaub und von 1974 an Axel Meier Führer der Jugendfeuerwehr.
Diese jungen Mitglieder werden auf ihre künftigen Aufgaben vorbereitet und geschult. Sie nehmen an Wettkämpfen mit anderen Jugendwehren teil und pflegen Kameradschaft bei gemeinsamen Fahrten.
Aus der Jugend-Feuerwehr in Ochtmissen sind inzwischen schon etwa 2/3 der heutigen Freiwilligen Feuerwehr Ochtmissens hervorgegangen.

Brandmeister Herbert Wolf und seinen Männern der Ochtmissener Wehr gelang es um 1964 in freiwilliger, unentgeltlicher Eigenleistung ein Haus für Fahrzeuge und Geräte der Feuerwehr zu bauen. Dazu errichteten die Männer in gleicher Art und Weise noch einen Anbau zu diesem Haus für Schulung und Versammlung, der 1970 fertiggestellt wurde.
Auf diese Weise erhielt die Gemeinde Ochtmissen ein „Feuerwehrhaus", zu dem sie nur die Materialkosten zu zahlen hatte.
Nach Eingemeindung in die Stadt Lüneburg am 1. März 1974 wurde auch die Ochtmissener Feuerwehr der Stadt Lüneburg unterstellt. Herbert Wolf wurde als Ortsbrandmeister bestätigt und untersteht seitdem als solcher dem städtischen Brandmeister Lindemann. Die erhöhten Bedingungen der Lüneburger Freiwilligen Feuerwehr, denen nunmehr auch die Ochtmissener Wehr entsprechen muß, brachten es mit sich, daß einige ältere Männer aus dem aktiven Wehrdienst ausschieden und seither fördernde Mitglieder sind. [220]

[220] Axel Meyer, Niederschriften der Freiwilligen Feuerwehr Ochtmissen, 1981

1953
Schützenverein in Ochtmissen gegründet

Als zweiter Verein in Ochtmissen wurde etwa 50 Jahre nach Gründung der Freiwilligen Feuerwehr im Jahre 1953 der „Kleinkaliber-Schützenverein Ochtmissen von 1953 e. V." gegründet. 16 Männer und die „Vereinsmutter" Hertha Lehmbeck waren es, die am 10. Januar 1953 in der Gaststätte Hans-Otto Lehmbeck diesen Verein ins Leben brachten.

Zum ersten Vorsitzenden wurde Hans Bosch und zu seinem Vertreter Hans-Otto Lehmbeck gewählt.

In freiwilliger Arbeit bauten die Schützen zunächst einen kleinen Schießstand in dem Wäldchen am Nordhang des Krähornsberges (später Kiesgrube). Schon im selben Sommer 1953 wurde das erste Ochtmissener Schützenfest durchgeführt. Erster Schützenkönig wurde Wilhelm Schween, der Rudolf Tiedemann zu seinem Adjudanten ernannte, und als Jungschützenkönig ging Hans-Otto Lehmbeck jun. hervor, dessen Adjudant Paul Warzawa wurde.

Als Vereinssymbol hatte Hans Bosch eine silberne Ordensplakette gestiftet, die in der Mitte als Gravierung einen Keiler zeigt, der von Eichenlaub umrankt ist und deren äußere Form dem Eisernen Kreuz ähnelt. Die Vereins-Chronik berichtet, daß dieser Orden einem Vorfahren des Vorsitzenden Hans Bosch vom damaligen Reichspräsidenten Paul von Hindenburg anläßlich einer Jagd in Tilsit verliehen worden sei.

Hans Bosch hatte gewünscht, daß jeder künftige Schützenkönig des Vereins diesen Halsorden an der Königskette bei Ausübung seiner Königswürde tragen möge. Seitdem wird diesem Wunsche entsprochen, und es gehört zur Tradition des Vereins, daß auf besonderen Plaketten dieser Schützenkönigs-Kette jeder neue Königsname enthalten ist.

Bei dem sommerlichen Schützenfest im Jahre 1955 konnte der Verein seine Fahne einweihen, die in der Mitte, umrahmt vom Vereinsnamen, als Symbol einen Keilerkopf zeigt.

Im Rahmen der Jahrtausendfeier der Stadt Lüneburg waren die Ochtmissener Schützen auch bei der Ehrenabordnung, die den damaligen Bundespräsidenten Theodor Heuss auf dem Bahnhof in Lüneburg empfing.

Auf Anregung von Wilhelm Schween wurde auch eine Bogenschieß-Abteilung gegründet, die dem Verein weiteren Aufschwung gab und schon wenige Jahre nach ihrer Gründung an Wettkämpfen teilnehmen konnte, bei denen sie beachtliche Leistungen erzielte.

Im Jahr 1958 sah sich der Verein gezwungen, einen neuen Kleinkaliber-Schießstand zu errichten, nachdem der bisherige Stand zu einer Kiesgrube verwandelt worden war.

Der neue Schießstand wurde ebenfalls von den Mitgliedern in freiwilliger Arbeit auf dem Hofe des Vereinswirts Hans-Otto Lehmbeck erbaut. Eine vollautomatische Scheiben-Zugvorrichtung bauten die Schützen in diesen Stand ein, wodurch Anzeiger und -Deckung nicht mehr benötigt wurden.

Seit 1962 ist Wilhelm Schween erster Vorsitzender des Vereins, der im gleichen Jahre bei den Deutschen Meisterschaften für Bogenschießen in Bremen besonders geehrt und als „Pionier des Deutschen Bogenschießsports" mit einer Medaille ausgezeichnet wurde.

Seit 1966 wurden bei den Schießwettbewerben um die Königswürde auch solche um eine Königin ausgetragen. Erste Schützenkönigin wurde Maria Denkmann, die Emmi Schween zur Adjudantin ernannte.

Angeregt durch die Erfolge der Bogenschützen, die bereits Titel und gute Plätze bei Landes- und Deutschen Meisterschaften errungen hatten, errichtete der Verein einen eigenen Bogenschießplatz. Ein Ackerstück wurde von Hans-Otto Lehmbeck gepachtet und mit einem Drahtzaun versehen. Danach bauten die Schützen in freiwilliger, unentgeltlicher Arbeit ein Clubhaus für Unterkunft und Geräte auf diesem Grundstück.

Im September 1972 konnten Wilhelm Schween und seine Schützenschwestern und -brüder im Beisein zahlreicher Ehrengäste das Clubhaus einweihen. Die Kosten hatten der Landkreis, die Gemeinde und der Verein zu je einem Drittel aufgebracht, wobei vom Verein besonders die Eigenleistung hinzu kam.[221]

Das Wirken des Ochtmisser Schützenvereins, seine auch von weither gut besuchten, jährlichen Schützenfeste sowie seine geselligen Veranstaltungen hatten vom Gründungsjahr 1953 an stark auf den Ort ausgestrahlt und dem Dorf starke Impulse für das Gefühl von Zusammengehörigkeit gegeben. Zu Beginn des Jahres 1982 zählte der Verein über 100 Mitglieder. Er ist von Ochtmissen nicht mehr wegzudenken.

1962
Ortsverein des Deutschen Roten Kreuzes gegründet

Schon im Jahre 1949 hatten die beiden Frauen Paula Hellmann und Charlotte Henkel eine kleine Gruppe von 5 Mitgliedern für das DRK geworben, die damals zum Ortsverein Bardowick gehörten, weil es in Ochtmissen noch keine eigene Ortsgruppe gab. Als jedoch Ochtmissen bereits über 30 DRK-Mitglieder hatte, gründete Frau Charlotte Henkel im Jahre 1962 im Einvernehmen mit dem DRK-Kreisverband Lüneburg einen DRK-Ortsverein Ochtmissen.

Bei weiterem Anstieg der Mitgliederzahl wurden gemeinsame Fahrten in die engere und weite Umgebung durchgeführt und bei örtlichen Veranstaltungen vor allem auch der älteren Einwohner gedacht. In Ausbildungskursen für erste Hilfe und Krankenbetreuung wurden viele Einwohner Ochtmissens für den Notfall vorbereitet.

Im Jahre 1976 übernahm Frau Erika Marienfeld den Verein, der inzwischen auf über 60 Mitglieder angestiegen war. Besonders einsatzfreudig sind die Mitglieder des DRK-Ortsvereins Ochtmissen auch bei den jährlichen Sammlungen für das DRK, bei denen beträchtliche Beträge dem DRK bundesweit zugute kommen, die durch selbstlosen Einsatz der DRK-Mitglieder erzielt werden. Zu Beginn 1982 hatte der Verein etwa 120 Mitglieder.[222]

1968
Gymnastikgruppe „Rumpelstilzchen" gegründet

Der Anregung ihrer Patientinnen und auch Ochtmisser Hausfrauen folgend gründete Frau Elfriede Rumpel, die in Ochtmissen eine Massage-Praxis betrieb, im Jahre 1968 eine Gymnasikgruppe, die sich später in Anlehung an den Namen ihrer Gründerin „Rumpelstilzchen" nannte.

Als Übungsraum hatte Schulleiter Ernst Sasse ein Klassenzimmer der Schule benutzen lassen. Der Zuspruch war spontan gewesen; schon bald kamen über 50 Teilnehmerinnen zusammen.
Nach Errichtung des Dorfgemeinschaftshauses durch den Bürgerverein Ochtmissen wurde dieses von

---
221) Schween, Wilh., Chronik d. KKS-Vereins Ochtm., 1981
222) Frau Henkel und Frau Marienfeld, mündl. Angaben, 1981

1976 an für die Übungsstunden benutzt. Durch Eigenleistung und Unterstützung durch Ortsbürgermeister Edgar Schaub konnten mehrere Geräte angeschafft werden.

Heute gehört diese Gymnastikgruppe zu einem festen Bestandteil von Ochtmissen, die seit 1979 von Karin Meyer geleitet wird und über 40 Aktive hat.[223]

1975
Bürgerverein Ochtmissen e. V. gegründet

Anlaß zur Gründung dieses Vereins war die ursprüngliche Absicht der Stadtverwaltung Lüneburg gewesen, den gesamten Bereich der ehemaligen Herderschule in Ochtmissen einschließlich Hauptgebäude und Baracken der Stiftung „Sonnenhof" in Erbpacht zu übergeben.

Während einer im August 1974 durchgeführten Ortsratssitzung war dieser Plan vorgetragen worden.

Die Zuhörer der Gemeinde, erstmalig von dieser Absicht gehört, zeigten deutlich Widerspruch. In der öffentlichen Diskussion zu diesem Thema forderten die früheren Ratsherren Erhard Behnke und Alfred Peuker, daß gerade in der Mitte von Ochtmissen Platz und Raum zu einer Begegnungsstätte für jung und alt erhalten bleiben müßten, auf die alle Einwohner des alten Dorfes Anspruch hätten. Von den Zuhörern wurde diese Forderung unterstützt.

Durch einen Kompromiß war es dann gelungen, einen Teilbereich des Geländes als Spiel- und Sportplatz sowie zwei Baracken für den Ort zu erhalten, von denen eine für 5 bis 10 Jahre dem Sonnenhof noch als Werkstatt und die andere dem Ort als Begegnungsstätte dienen sollte.

Diese unvermutete, wesentliche Veränderung örtlicher Verhältnisse schon wenige Monate nach der Eingemeindung hatte viele Bürger des Ortes veranlaßt zur Gründung einer Gemeinschaft, die neben dem Ortsrat auch ihrerseits die Belange des eingemeindeten Ortsteils wahrnehmen sollte.

Am 15. April 1975 wurde der Bürgerverein Ochtmissen e. V. gegründet. 59 Bürgerinnen und Bürger trugen sich als Gründungsmitglieder ein. Als erster Vorsitzender wurde Jürgen Hündgen und als 2. Vorsitzender Alfred Peuker gewählt.

Nach seiner Satzung erstrebt der Bürgerverein Ochtmissen. e. V., nachfolgend BVO genannt, den Zusammenschluß der Bürger zu Ochtmissen im weitesten Sinne. Er will das Gemeinschaftsleben fördern, soziale und kulturelle Bestrebungen sowie sportliche Begegnungen unterstützen und den Interessen des Ortsteils Ochtmissen bei ausschließlich gemeinnütziger Arbeit dienen. Seine Tätigkeit soll sich in enger Zusammenarbeit mit den kommunalen Stellen und deren Vertretern vollziehen.

Die ersten Arbeiten des BVO galten dem Ausbau der Baracke, die nach längerem Leerstehen bei eingeschlagenen Fenstern und herausgerissenen Türen bereits Spuren von Zerstörung zeigte.

Nach Beseitigung der gröbsten Schäden wurde ein Großraum geschaffen durch Abtragen der Innenwand. Neue Innenwände wurden in Holzkonstruktion mit beiderseitigen Preßspanplatten eingebaut für Einrichtung eines Küchen- und Wirtschaftsraumes sowie für Damen- und Herrentoiletten einschließlich deren Vorräumen. Die Räume wurden mit neuen Türen versehen. Danach erhielt die Baracke Anschlüsse für Strom und Wasser, einen Kanalanschluß für Abwasser und die Inneneinrichtung für Küche und Toiletten. Den Abschluß bildeten die Malerarbeiten. Alle Arbeiten sind von Mitgliedern des BVO und einigen selbständigen Handwerkern Ochtmissens unentgeltlich geleistet

---

223) Frau Rumpel, Reppenstedt, Chronik über Gymn.Gruppe, 1981

worden. Dasselbe gilt auch für den Jugendraum, den neben einigen BVO-Mitgliedern eine Anzahl Jugendlicher aus Ochtmissen nach ihren Ideen gestaltet haben.

Mit Unterstützung durch den Ortsbürgermeister Edgar Schaub war es dem BVO gelungen, für einen Unkostenbeitrag von etwa 9 000 DM innerhalb von 7 Monaten aus einer stark beschädigten Baracke ein schmuckes Dorfgemeinschaftshaus zu gestalten, das künftig neben dem BVO auch allen Einwohnern des Ortsteils Ochtmissen mit ihren Vereinen und Gruppen dienen sollte.

Am 19. Juni 1976 konnte Ortsbürgermeister Edgar Schaub dieses Dorfgemeinschaftshaus seiner Bestimmung übergeben.

Der BVO führt zur Kontaktpflege in jeder zweiten Woche Spielabende für Jung und Alt durch, von denen zweimal im Jahr mit Gewinnmöglichkeit auf Preise gespielt wird. Vorträge, Betriebsbesichtigungen und gesellige Abende sollen der Weiterbildung und Unterhaltung dienen.

Den Ortsrat unterstützte der Bürgerverein bei Angelegenheiten des Straßen-Baues durch sachgerechte Vorschläge, die in mehreren Fällen auch die Zustimmung der Straßenbaubehörde fanden, beim Bau des neuen Kindergartens durch Teilnahme an den Beratungen seitens der Stadt sowie in seinem Bemühen um die Reinerhaltung des Ortes durch Mitwirken bei den Reinigungs-Aktionen der Bundeswehr, usw.

Im Jahre 1981 pflanzten Mitglieder des BVO in Zusammenarbeit mit dem Stadtgartenamt und Beteiligung Ochtmisser Kinder über 50 Laubbäume zur Verschönerung des Ortes.

Seit 1978 ist Dr. Ottfried Dressler 1. Vorsitzender und Alfred Peuker seit Gründung 2. Vorsitzender des BVO.[224]

Die Vereine förderten das Gemeinschaftsgefühl in Ochtmissen

Durch ihre Tätigkeit und insbesondere durch ihre vorbildlichen Leistungen für die Gemeinschaft des Ortes haben alle Vereine in Ochtmissen zur Förderung des Gefühls der Zusammengehörigkeit beigetragen und sich auch eingesetzt, wenn es um die Belange des Ortes ging.

224) Bericht von Alfred Peuker, 2. Vors. des BVO e. V.

1980
Neuer Kindergarten in Ochtmissen

Der im Jahre 1971 von der Gemeinde eingerichtete Kindergarten im Keller der Schule war von der Aufsichtsbehörde nur unter Vorbehalt als Provisorium genehmigt worden, weil er einige Mängel, wie ungenügendes Tageslicht, Kellerfeuchtigkeit und mangelnde sanitäre Anlagen aufwies, die nicht beseitigt werden konnten.

Den Bemühungen des Sozialdezernenten Friedrich Schumann war es zu danken, daß die Bezirksregierung dem Bau eines neuen Kindergartens für Ochtmissen zustimmte.

Er wurde auf dem stadteigenen Grundstück neben dem Dorfgemeinschaftshaus gebaut und am 1. Oktober 1980 eingeweiht.

Der Schüttepilz in Kiefernbeständen

Im Verlaufe des Sommers 1980 war in den Wäldern und Anlagen rund um Lüneburg, im Tiergarten, im Waldfriedhof sowie im Forstgebiet Einemhof und auch in „Garbens Fuhren" am Flurstück Butterberg/Ochtmissen zu beobachten gewesen, daß sich die Nadeln der Kiefern in ungewöhnlich großen Mengen braun verfärbt hatten. Der anschließende Nadelabfall im September/Oktober war so umfangreich, daß unter den Kiefern der Waldboden völlig von den neugefallenen Nadeln bedeckt wurde.

Die Kiefern waren vom Schüttepilz befallen gewesen, der in zusammenhängenden Kiefernwäldern erheblichen Schaden durch Wachstumsverminderung anrichtete. [225]

1981
Zwei Großbrände in Ochtmissen

Am 18. August war die große, mit Ried gedeckte Scheune des früheren Hellmannschen Hofes, die der Sonnenhof in Erbpacht hat, durch Brandstiftung angesteckt worden und niedergebrannt.

Die Feuerwehren von Ochtmissen und Lüneburg/Mitte konnten nur das Übergreifen des Brandes auf die umstehenden Gebäude verhindern.

Derselbe Brandstifter, der das Feuer in der Hellmannschen Scheune gelegt hatte, steckte am 2. September 1981 die Scheune des Lehmbeckschen Hofes an. Die Scheune brannte vollkommen nieder und mit ihr zwei Pferde, Maschinen und Erntevorräte.
Die Feuerwehren von Ochtmissen und Lüneburg/Mitte konnten zwei dicht in der Nähe der Scheune stehende Wohnhäuser vor den Flammen retten. Gegen die Flammen der Scheune selbst waren sie machtlos, wie im Falle der Hellmannschen Scheune.

---

225) Bestätigt durch Stadtforstamt Lüneburg, Stadt-Forstamtsrat Hans Eckel, Lüneburg, 1981.

1981
Die Landwirtschaft in Ochtmissen — einst und jetzt

Über die Jahrhunderte hinweg mag die Bewirtschaftung der Höfe in hergebrachter Weise erfolgt sein, bis im 18. Jahrhundert mit Einführung der Kartoffel vermehrter Hackfruchtanbau betrieben und die Dreifelderwirtschaft beendet worden ist.

Eine weitere Veränderung hatte die Verkopplung der Höfe um 1900 gebracht. Von der Weide-Wirtschaft waren die Bauern zur Stallvieh-Haltung übergegangen. Die Schafzucht wurde aufgegeben, die Herden verkauft. Statt dessen vergrößerten die Bauern die Bestände ihrer Rinder und betrieben die Milchwirtschaft. Auch mehr Schweine wurden gezüchtet. Diese Wirtschaftsform blieb bis nach Ende des Zweiten Weltkrieges erhalten.

Weitere, entscheidende Veränderungen gab es in den letzten 25 Jahren. Zunächst wurde das Pferd mehr und mehr vom Trecker verdrängt. Seit 1964 wurden in Ochtmissen die Pferde nur noch zu sportlichen Zwecken gehalten. Neben dem Trecker schafften sich die Bauern neue und vielseitig verwendbare Maschinen und Geräte an, was unter dem Druck der wirtschaftlichen Verhältnisse geschah.

Viele Menschen hatten die Arbeit in der Landwirtschaft aufgegeben. Sie waren zur Industrie gegangen und hatten die Tätigkeit am Fließband oder im Büro der schweren, körperlichen Arbeit auf dem Feld und im Stall vorgezogen.

Preisdruck und Löhne machten allmählich Milchwirtschaft und Schweinezucht unrentabel. Die Bauern sahen sich veranlaßt, ihre Rinder und danach auch ihre Schweine zu verkaufen. Die Ställe wurden leer; die Wiesen überflüssig. Letztere wurden umgepflügt und zu Ackerland verwandelt. Wo es nötig erschien, waren sie vorher dräniert worden. Den fehlenden Stalldung ersetzten die Bauern durch Gründüngung mit Lupine (Stickstoffträger), Ölrettich, Senf usw., die als Zwischenfrucht gesät und später untergepflügt wurden.

Die Bauern waren zur materialintensiven Bewirtschaftung ihrer Höfe übergegangen. In den Höfen, die früher 12 bis 15 Personen beschäftigten, bestellt heute der Bauer seine Ackerschläge von zusammen ca. 50 bis 80 ha allein. Zusätzliche Kräfte werden zur Ernte einschließlich nötiger Maschinen vom Maschinenring gestellt.

An Getreide werden gegenwärtig in Ochtmissen Weizen, Roggen, Gerste und Hafer angebaut. Bei den Hackfrüchten sind es bis auf Ausnahmen Zuckerrüben, Kartoffeln und Wurzeln (Mohrrüben).

Nachstehende Zahlen mögen die Veränderungen widerspiegeln.

insgesamt	1643	1681	1883	1892	1900	1949	1954	1964	1974	1981
Einwohner			193	169	167		600		1 044	1 527
Häuser			25	26	21	78				312
davon Höfe	7	7	6	6	6	5	5	5	5	4
Pferde	17	16	26	27	28	25	10	3	4	6
Rindvieh	58	99	94	98	118	155	138	139	87	–
Schweine	71	60	183	177	251	296	268	359	188	–
Schafe	441	500	458	370	–	1	–	3	–	–
Ziegen	53		56	50	55	–	–	3	–	–
Hühner						455	.	454	80	50
Immenvölker			7							5

Über Immen liegen nur wenige Angaben vor. Einige Flurnamen weisen aber auf frühere Immenhaltung in Ochtmissen hin. 226)

---

226) 1643 = Nds. Hauptstaatsarchiv Hannover, Hann. 74, Winsen/L. Nr. 431; 1681 = Rüther/Schulz-Egestorf, Das Lagerbuch des Amtes Winsen v. 1681; 1883 – 1949 = Nds. Verw.-Amt, Statistik, C1.4.1 – 19082 v. 18.2.1981; ab 1954 = Stadt Lüneburg, Amt für Statistik und Wahlen.

Erläuterungen zu Flur- und Straßennamen

An der Beeke
Der Begriff ist abgeleitet von beke (Quellbach), wie auch beck den Bach beinhaltet.[227]

An der Buntenburg
Erstmalig 1715 als „buntenborg" erwähnt hatte es wahrscheinlich die Bedeutung von Butenburg = Außenburg. Der Name entstammte einem Gehöft, das innerhalb der Landwehr zwischen dem alten Postweg und der Ilmenau gestanden hat und noch zum nördlichen Flurteil Lüneburg angrenzte. Es soll aber nicht zur Stadt, sondern damals wahrscheinlich zum Ortsverband Ochtmissens gehört haben.[228]

An der Goseburg
(Gänseburg), nach einem Gehöft benannt, das etwas südostwärts der Buntenburg unweit der Ilmenau in der Marsch lag. Im Jahre 1616 erstmalig erwähnt, wurde bestimmt, daß dort keine Kühe geweidet werden durften, damit die städtische Weide nicht geschädigt werden sollte.[229]

Auf dem Breitenwiesenkamp
Benannt nach der Breitenwiese, die unterhalb Lüneburgs gelegen, sich bis in die Fluren Ochtmissens erstreckte und 1428 erstmalig erwähnt wurde. Im Jahre 1581 ist die Breitenwiese von den Lüneburgern mit einem Schlingwerk versehen worden, damit die Ochtmissener ihr Vieh nicht auf die städtischen Wiesen zur Weide treiben konnten.[230]

Beim Ratskeller
Ein kurzer Privatweg, der in ein Flurstück hineinführt, das in einer Kaufurkunde vom Jahre 1879 als „Köthgarten" bezeichnet wurde. Als sich die Gemeinde im Jahre 1967 Wegenamen gab, wurde er wie oben benannt.

Bernsteinstraße
Dieser Weg wurde in einer Kaufurkunde von 1859 erwähnt und darin „Chaussee von Ochtmissen nach der Papenburg" benannt. 1967 erhielt er den Namen „Bardowicker Weg". Nach der Eingemeindung mußte er umbenannt werden und erhielt den Namen wie oben. Nach einem Bericht von Walter Schneider, Lüneburg, soll eine alte Handelsstraße von Jütland kommend über Ochtmissen nach Italien und Griechenland geführt haben, auf der der im Nordseebereich gefundene Bernstein mitgeführt worden sein soll. Nach ihm soll dieser Handelsweg seinen Namen erhalten haben. Obiger Weg sei ein Teilstück der Straße gewesen.[231]

Bullenwiese
Diesen Namen trägt ein Flurstück im Marschbereich der Ilmenau, das teilweise noch heute im Besitz Ochtmissener Bauern ist. Auch Lüneburg hatte an der Ilmenau oberhalb der Stadt ein Flurstück mit dem Namen „Große Bullenwiese".[232]

---

227) L. Bückmann, in: Lüneburger Heimatbuch v. O. u. Th. Benecke, II., S. 168
228) W. Reinecke, Straßennamen Lüneburgs, S. 25
229) W. Reinecke, Straßennamen Lüneburgs, S. 37
230) W. Reinecke, Straßennamen Lüneburgs, S. 22/23
231) Walter Schneider, Die alte Bernsteinstraße im Lüneburger Raum, S. 1 - 6
232) W. Reinecke, Geschichte der Stadt Lüneburg, Bd. I, S. 57/58

Erläuterungen zu Flur- und Straßennamen (Fortsetzung)

Im Sahl
Sahl bedeutet anmooriges Gelände, mit Tümpeln, Busch- und Strauchwerk durchsetzt.[233]

Ochtmisser Kirchsteig
Wurde als „Ochtmisser Weg" schon 1345 erwähnt, als das Kloster St. Michaelis zu Lüneburg einem Bürger Land verpachtet hatte, das in Richtung Ochtmissen lag. Später war der Weg in obigen Namen umbenannt worden.[234]

Papenburg
Als Wehrburg war sie zu Beginn des 15. Jahrhunderts am nördlichen Durchlaß der Landwehr erbaut worden. Der Durchgang war regelmäßig von Mitgliedern des Bardowicker Domkapitels passiert worden, daher wahrscheinlich obiger Name. Später erhielt der anliegende Pachthof das Schankrecht. Bis Ausgang des 19. Jahrhunderts hat sich in den Resten des Wehrturmes noch ein Tanzsaal befunden. Heute wird dieser Durchgang schlechthin als „Landwehr" bezeichnet.[235]

Tangenwiese, Tangenwiesenkamp
Abgeleitet von tange; es bedeutet höhere Landzunge in der Niederung. Kamp bedeutet Einfriedung eines Stückes für verschieden mögliche Nutzung.[236]

Vickenteich
Der Name soll von Vikko, Vikke, einer Koseform von Vrederik abgeleitet sein. Ein Bürger namens Vicke wurde in Lüneburg schon 1294 genannt. Am Vickenteich hat früher das Gehöft Lutmunde gelegen. Im 18. Jahrhundert war am „Fickenteich" ein Immenzaun, der der Stadt Lüneburg schoßpflichtig war.
Längere Zeit ist der Teich zugeschüttet gewesen. Heute ist er wieder offen. Er liegt am Wege vom Ochtmisser Kirchsteig zum Redder und Krähornsberg. Seine Lesart war verschieden, wie: Fikkendiek (18. Jhrh.), Finkendiek (1776), Vickendeich und Vickenteich (heute).[237]

Werner-Jansen-Weg
Benannt nach dem Arzt und wissenschaftlichen Schriftsteller Dr. Werner Jansen (1890 – 1943). Er wirkte als Arzt und Krebsforscher in Berlin und hatte seinen Wohnsitz in Ochtmissen an dem Weg, der später nach ihm benannt wurde wegen seiner Verdienste um die Krebsforschung. Für seine wissenschaftlichen Schriften erhielt er auch die vom Reichspräsidenten v. Hindenburg im Jahre 1932 gestiftete Goethemedaille verliehen.[238]

---

233) Bückmann, Ludwig, Lüneburg in: Lüneburger Heimatbuch v. O. u. Th. Benecke, Bd. II, S. 158 ff
234) W. Reinecke, Straßennamen Lüneburgs, S. 86
235) W. Reinecke, Straßennamen Lüneburgs, S. 88
236) Bückmann, Ludwig, in: Lüneburger Heimatbuch v. O. u. Th. Benecke, Bd. II, S. 158 u. 180
237) W. Reinecke, Straßennamen Lüneburgs, S. 125/126
    Manecke, Bd. I, S. 267/268
238) Gespräche mit Frau Hertha Jansen, Ochtmissen, 1981

- 141 -

1982
Ochtmissen – heute

Das Dorf trägt seit Eingemeindung im Jahre 1974 den Namen „Lüneburg, Ortsteil Ochtmissen". Hier lebten am 30. Dezember 1981 in 312 Wohnhäusern insgesamt 1527 Einwohner Ortsbürgermeister ist Edgar Schaub, der dieses Amt seit 1967 ohne Unterbrechung innehat.

Der Ortsrat hat 5 Mitglieder. Sie vertreten

die SPD durch
Edgar Schaub,
Hinrich Buß,
Kurt Schaffer.

die CDU durch
Kurt Lückhoff,
Hans-Dieter Hänel.

Seit 1957 ist der Ort in die Martin-Luther-Kirche Lüneburg eingepfarrt.

An öffentlichen Einrichtungen sind vorhanden:

1 einzügige Grundschule
1 Kindergarten
1 Poststelle
1 Nebenstelle der Stadtsparkasse

Der Ortsteil hat von ursprünglich 7 noch 4 Vollhöfe. Ihre Besitzer sind

Hans-Dieter Hänel,
Hermann Garben,
Helga Reikowski mit zugehörigem Gasthof und
Ewald Schäfer.

Im Dorfe ist eine Wohn- und Begegnungsstätte für Behinderte der Johann- und Erika-Loewe-Stiftung „Sonnenhof".
Die Stiftung Sonnenhof bewirtschaftet das Gutshaus und einen Teil des vormals Hellmannschen Hofes.
An jedem 3. Sonntag im Monat hält die Martin-Luther-Kirche im Sonnenhof einen Gottesdienst ab.

Mit Einstellung des Personenverkehrs auf der Eisenbahnstrecke Lüneburg – Buchholz im Oktober 1981 verlor Ochtmissen unmittelbaren Bahnanschluß. Busanschluß besteht von Montag bis Sonnabendmittag an die Linie 2; Sonnabend- und Sonntagnachmittag an die Linie 4.

Der Ortsteil hat nachstehend aufgeführte Handwerks- und Gewerbebetriebe:

1 Baugeschäft	1 Kosmetiksalon
1 Brunnenbauer	1 Maler und Tapezierer
1 Fernseh- und Rundfunkwerkstatt	1 Saatzuchtbetrieb für Gemüse-
1 Frisiersalon	pflanzen- und Blumensamen
1 Gasthof	1 Sackfabrik
1 Gärtnerei	1 „Spar"-Einzelhandelsgeschäft
1 Gebäudereiniger	1 Speditionsbetrieb
2 Installateure	1 Wäscherei mit Heißmangel

Ochtmissen – morgen?
Die Einwohnerzahl wird in Ochtmissen weiterhin zunehmen. Schon sind große landwirtschaftlich genutzte Ackerflächen als neue Baugebiete ausgewiesen; weitere werden folgen.
Möge es bei alledem gelingen, die letzten, uralten Bauernhöfe zu erhalten und den dörflichen Charakter des Ortes zu bewahren, daß es auch nach uns künftigen Geschlechtern begehrenswert erscheint, in Ochtmissen ihren Heimatort zu haben.

Das walte Gott! Der Verfasser.

QUELLEN- UND LITERATURVERZEICHNIS

Ungedruckte Quellen

Staatsarchiv Münster
Urkunde Kemnade, 1004, November 2

Niedersächsisches Hauptstaatsarchiv Hannover
Celle Br. 33, Nr. 2
Celle Br. 61
Celle Br. 61 A, Nr. 6548
Hann. 74 / Winsen an der Luhe, Nr. 10, 16, 431, 432, 1273

Archiv Kloster Lüne
Urkunden Nr. 332, 333, 347

St. Nikolaikirche Lüneburg
Taufregister 1750 bis 1800

Archiv des Landkreises Lüneburg
Akte Ochtmissen, Fach

2.57	170.7	222.13	290.28
29.49	172.10	222.14	295.11
76.4	172.41	242.26	453.17
82.2	173.30	255.40	709.6
88.11	187.39	262.49	897.13
128.3	215.19	262,50	897.14
148.7	222.10	283.50	898.15
156.21	222.12	290.18	

Stadtarchiv Lüneburg
Mich. C. 6, Nr. 35, D87, Nr. 2, 3, 4, 7, 8, 9, 10
AA E 3, Nr. 1
Liegenschaftsamt Nr. 1304, 2634

Stadt Lüneburg, Hauptamt
Sitzungsprotokolle des Ortsrates Ochtmissen 1974 bis 1981

Stadt Lüneburg, Einwohnermeldeamt
Bevölkerung in Ochtmissen am 30. Dezember 1981

Stadt Lüneburg, Amt für Statistik und Wahlen
Viehbestände in Ochtmissen 1954 bis 1980

Katasteramt Lüneburg
Grundbuch von Ochtmissen 1903 bis 1950

Gemeinde Ochtmissen
Ratsprotokolle 1968 bis 1979
Chronik der Volksschule zu Ochtmissen, bearbeitet von Karl Henkel und Ernst Sasse
Chronik der Freiwilligen Feuerwehr zu Ochtmissen, bearbeitet von Axel Meyer

Gemeinde Ochtmissen (Fortsetzung)
Chronik des Bürgervereins zu Ochtmissen, bearbeitet von Alfred Peuker
Chronik der Gymnastikgruppe „Rumpelstilzchen" zu Ochtmissen, bearbeitet von Elfriede Rumpel
Chronik des Schützenvereins zu Ochtmissen, bearbeitet von Wilhelm Schween
Hofakten der Höfe von Hans-Dieter Hänel, Bruno Hellmann, Hermann Garben, Heinrich Meyer, Helga Reikowski und Ewald Schäfer

Niedersächsisches Landesverwaltungsamt, Institut für Denkmalspflege Hannover
Bericht über die Grabungen in Ochtmissen 1964 bis 1981, (Joost Assendorp)

Niedersächsisches Landesverwaltungsamt, Abteilung Statistik
Viehbestands-Lexika 1883, 1892, 1900, 1949

Gedruckte Quellen

Urkundenbuch des Klosters St. Michaelis zu Lüneburg
Gesetz über Ablösung der Höfe von der Grundherrnschaft v. 30.11.1831
Gesetz über Errichtung von Kreditanstalten v. 08.09.1840
Gesetz über Zusammenlegung der Grundstücke (Verkopplung) v. 30.06.1842
Einwohnerbuch für den Stadt- und Landkreis Lüneburg von 1937
Lehnregister der Herzöge Otto und Wilhelm und der Herzöge Bernhard und Wilhelm Seculi XIV und XV von Wilhelm v. Hodenberg, in: Archiv für Geschichte und Verfassung des Fürstentums Lüneburg, von E. L. Lenthe, Celle 1862
Kurhannoversche Landesaufnahme des 18. Jahrhunderts, hg. v. Niedersächsichen Landesverwaltungsamt —Landesverfassung — und von der Historischen Kommission für Niedersachsen, 1 : 25 000, Bl. 1 — 165, nebst Erläuterungsheft, Hannover 1959 — 1968 (Veröffentlichungen der Historischen Kommission für Niedersachsen 26)
Das Schatzregister (Schadregister) der Großvogtei Celle von 1438 und andere Quellen zur Bevölkerungsgeschichte der Kreise Celle, Fallingbostel, Soltau und Burgdorf zwischen 1428 und 1442, hg. v. Rudolf Grieser, Hildesheim 1934
Christian Schlöpken, Chronikon oder Beschreibung der Stadt und des Stifts Bardewick, Lübeck 1704 (Nachdruck Lüneburg, o. J.)
Urkundenbuch der Stadt Lüneburg, hg. v. Wilhelm Friedrich Volger, 3 Bände, Hildesheim 1872 — Lüneburg — 1877
Die Urkunden der Deutschen Könige und Kaiser, Bd. 3: Die Urkunden Heinrichs II. und Arduins, 2. unveränderte Auflage, Berlin 1957 (MG SS DD III)
Die Urkunden Heinrichs des Löwen, Herzogs von Sachsen und Bayern, bearbeitet von Karl Jordan, Weimar 1949
Johann Friedrich Pfeffinger, Historie des Braunschweigisch-Lüneburgischen Hauses, 3 Bände, Hamburg 1731
Anton Christian Wedekind, Noten zu einigen Geschichtsschreibern des Deutschen Mittelalters, Bd. 2, Hamburg 1835
Anton Christan Wedekind, Hermann, Herzog von Sachsen, erste Vorarbeit zur Geschichte des Königreichs Hannover, Lüneburg 1817

Das Lagerbuch des Amtes Winsen von 1681, aufgearbeitet und ergänzt von Ernst Rüther und Schulz-Egestorf, Lüneburg, Selbstverlag der Verfasser, 1936

Literatur

Benecke, Otto und Theodor, Lüneburger Heimatbuch, 2 Bände, Bremen 1914
Biens, Friedrich, Der Hof Nr.6 in Ochtmissen, Lüneburg 1976
Freytag, Hans Joachim, Die Herrschaft der Billunger in Sachsen, Göttingen 1951
Gebhardi, Ludwig Albrecht, Kurze Geschichte des Klosters St. Michaelis zu Lüneburg, Celle 1857
Hammerstein-Loxten, Freiherr von, Der Bardengau. Eine historische Untersuchung über dessen Verhältnisse und über deren Güterbesitz der Billunger, Hannover 1869
Handbuch der historischen Stätten Deutschland, Bd. 2, Niedersachsen und Bremen, hg. v. Kurt Brüning, Stuttgart 1958
Jansen, C. H. C. F., Statistisches Handbuch des Königreichs Hannover, Hannover 1824
Jakobi, Franz-Josef, Wibald von Stablo und Corvey (1098 – 1158), Benediktinischer Abt in der frühen Stauferzeit, in: Abhandlungen zur Corveyer Geschichtsschreibung, Band 5, Münster/Westf. 1979, Keseberg, Alfred Sachsenherzog Hermann und die Grafen Wichmann, Celle 1973
Köhler, Johann David, Historische Nachricht von den Erb-, Land- und Hofämtern des Herzogtums Braunschweig und Lüneburg aus archivischen Urkunden, Göttingen 1746
Kück, Eduard, Das alte Bauernleben in der Lüneburger Heide. Studien zur niedersächsischen Volkskunde in Verbindung mit dem Deutschen Verein für ländliche Wohlfahrts- und Heimatpflege, Leipzig 1906, Lüneburger Landeszeitung, Ausg. v. 29./30. März 1980
Laue, Heinrich und Meyer, Heinrich, Zwischen Elbe, Seeve und Este, Heimatbuch des Landkreises Harburg, Harburg 1925, Bd. 1 und 2
Lübeck, Konrad, Aus der Frühzeit des Klosters Fischbeck, in: Niedersächsisches Jahrbuch für Landesgeschichte 18/1941
Manecke, Urban Christoph, Topographisch-historische Beschreibungen der Städte, Ämter und adelichen Gerichte im Fürstentum Lüneburg, 2 Bände, Celle 1858
Middelhauve, Lutz, Die Landwehren der Stadt Lüneburg, in: Lüneburger Blätter 1/1950
Oeynhausen, J. Gf. von, Die Schenken von Winterstedt in: Vierteljahrsschrift für Heraldik, Sphragistik und Genealogie, 4., Berlin 1876
Peuker, Alfred, Die Situation des Straßen- und Wegebaues in Ochtmissen, Ochtmissen 1969
Pröve, Heinrich, Dorf und Gut im alten Herzogtum Lüneburg, Göttingen, 1929
Reinecke, Wilhelm, Geschichte der Stadt Lüneburg, 2 Bände, Lüneburg 1933 (Nachdruck Lüneburg 1977)
Reinecke, Wilhelm, Die Straßennamen Lüneburgs, Hildesheim 1966
Rößler, Helmut, Deutsche Geschichte, Gütersloh 1961
Schneider, Walter, Die alte Bernsteinstraße im Lüneburger Raume, Lüneburg um 1960
Schnuhr, Eberhard, Lüneburg als Münzstätte in: Aus Lüneburgs tausendjähriger Vergangenheit, Lüneburg 1956
Sprengell, Otto, Einiges aus dem Bardowicker Rathsbuche, in: Jahresberichte des Museumsvereins für das Fürstentum Lüneburg 1880 – 82
Sprengell, Otto, Noch einiges vom alten Bardowick, in: Jahresberichte des Museumsvereins für das Fürstentum Lüneburg für die Jahre 1891 – 1895 Lüneburg 1896

Stein, Werner, Kulturfahrplan, Wien 1946
Tausend Jahre Kloster Kemnade, Hameln 1964
Wenskus, Reinhard, Sächsischer Stammesadel und fränkischer Reichsadel, Göttingen 1976

Schriftliche Auskünfte

Archiv der Domkirche zu Ratzeburg
Fürstliches Archiv zu Corvey
Nordrhein-Westfälisches Staatsarchiv Münster
Staatsbibliothek Preußischer Kulturbesitz, Kartenabteilung, Berlin
Stadtarchiv Bodenwerder
Niedersächsisches Staatsarchiv Wolfenbüttel

Mündliche Auskünfte

Frau Alma Garben, Ochtmissen
Frau Charlotte Henkel, Ochtmissen
Frau Herta Jansen, Ochtmissen
Frau Erika Marienfeld, Ochtmissen
Frau Helga Reikowski, Ochtmissen
Frau Margarete Sitzler, Ochtmissen
Herr Dr. Ottfried Dressler, Ochtmissen
Herr Ewald Fenske, Ochtmissen
Herr Hermann Garben, Ochtmissen
Herr Hans-Dieter Hänel, Ochtmissen
Herr Hans Otto Lehmbeck, Ochtmissen
Herr Ewald Schäfer, Ochtmissen
Herr Heinrich Benecke, Bardowick
Herr Hans Eckel, Forstamt Lüneburg

Bildunterschriften   Zeichnungen und Fotos: Joost Assendorp

Abb. 1:   Fundplätze in der Gemarkung Ochtmissen

Abb. 2:   Feuersteinkratzer (Maßstab 1 : 1)

Abb. 3:   Gräber in der Ausgrabungsfläche 1981

Abb. 4:   Plan der Gräber: fettgedruckt die Verkeilungssteine, A und B – Lage der Pfeilspitzen

Abb. 5:   Feuersteinpfeilspitzen (Maßstab 1 : 1)

Abb. 6:   Bronzezeitliche Siedlungskeramik

Abb. 7:   Zerdrückte Urne in situ

Abb. 8:   Kaiserzeitliche Urnen

Abb. 9:   Fibel mit zweilappiger Rollenkappe (ca. 4 cm groß)

Abb. 10: Der Reiter von Ochtmissen – Tonfigur

Fotos: Alfred Peuker

Bild	1	Urkunde Kaiser Heinrichs II. vom 2. November 1004
	2	altes Gutshaus Schäfer (Hof Nr. 1)
	3	altes Gutshaus Lehmbeck mit Gasthof (Hof Nr. 3)
	4	Gutshaus Hänel (Hof Nr. 4)
	5	vormals Gutshaus Hellmann, heute Sonnenhof, (Hof Nr. 2 u
	6	vormals Gutshaus von Dassel, heute Sonnenhof, (Hof Nr. 6)
	7	Gutshaus Garben (Hof Nr. 7)
	8	Am Vickenteich
	9	Schule zu Ochtmissen
	10	der neue Kindergarten
	11	Haus der Freiwilligen Feuerwehr
	12	Haus des Kleinkaliber-Schützenvereins
	13	Dorfgemeinschaftshaus
	14	Nebenstelle der Stadtsparkasse
	15	spielende Kinder im Kindergarten

Fotos: Karl-Eckhard Gieseking

Bild	16	Alter Speicher
	17	Dörfliche Idylle

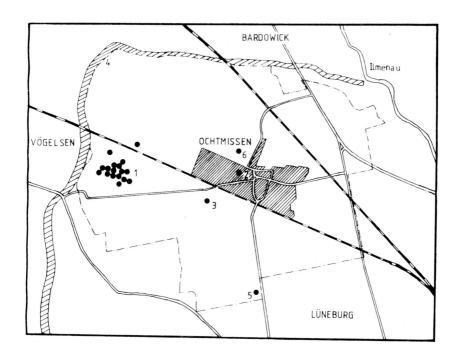

Abb. 1: Fundplätze in der Gemarkung Ochtmissen

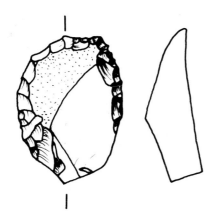

Abb. 2: Feuersteinkratzer (Maßstab 1 : 1)

Abb. 3: Gräber in der Ausgrabungsfläche 1981

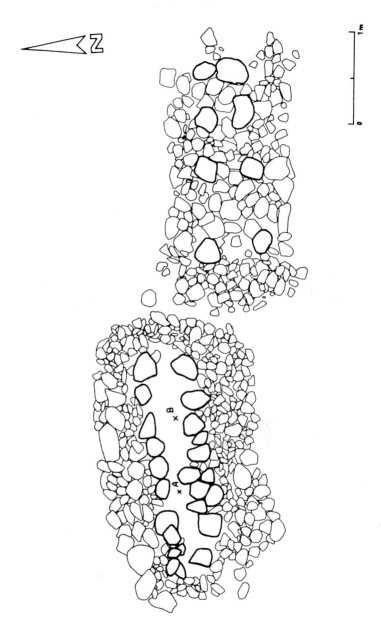

Abb. 4: Plan der Gräber: fettgedruckt die Verkeilungssteine, A und B — Lage der Pfeilspitzen

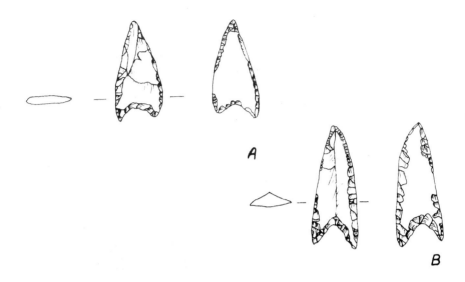

Abb. 5:   Feuersteinpfeilspitzen (Maßstab 1 : 1)

Abb. 6:   Bronzezeitliche Siedlungskeramik

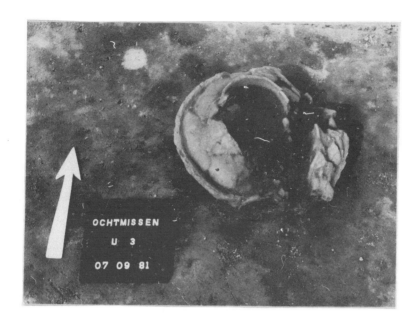

Abb. 7: Zerdrückte Urne in situ

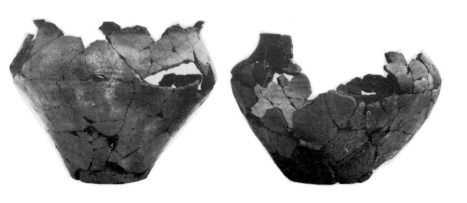

Abb. 8: Kaiserzeitliche Urnen

Abb. 9: Fibel mit zweilappiger Rollenkappe (ca. 4 cm groß)

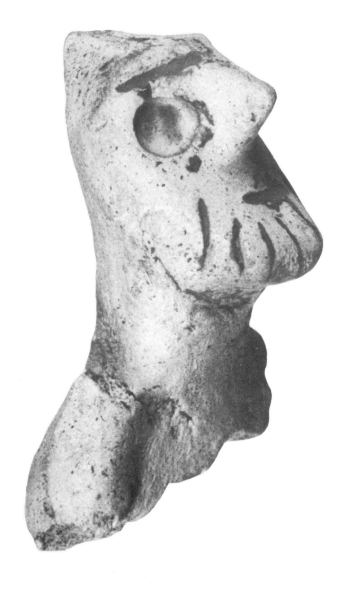

Abb. 10: Der Reiter von Ochtmissen – Tonfigur

2 altes Gutshaus Schäfer (Hof Nr. 1)

3 altes Gutshaus Lehmbeck mit Gasthof (Hof Nr. 3)

4   Gutshaus Hänel (Hof Nr. 4)

5   vormals Gutshaus Hellmann, heute Sonnenhof, (Hof Nr. 2 und 5)

6   vormals Gutshaus von Dassel, heute Sonnenhof, (Hof Nr. 6)

7   Gutshaus Garben (Hof Nr. 7)

8 Am Vickenteich

9 Schule zu Ochtmissen

10 der neue Kindergarten

11 Haus der Freiwilligen Feuerwehr

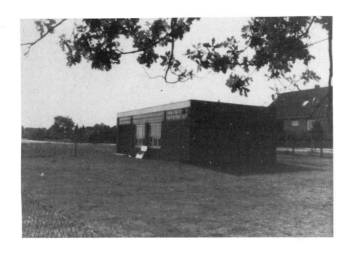

12 Haus des Kleinkaliber-Schützenvereins

13 Dorfgemeinschaftshaus

14 Nebenstelle der Stadtsparkasse

15 spielende Kinder im Kindergarten

16 Alter Speicher

17 Dörfliche Idylle